매출 올리는

네이버 스마트스토어 광고 활용법

매출 올리는
네이버 스마트스토어
광고 활용법

초판 1쇄 인쇄 | 2023년 2월 10일
초판 1쇄 발행 | 2023년 2월 20일

지 은 이 | 손상영
발 행 인 | 이상만
발 행 처 | 정보문화사

책 임 편 집 | 노미라
교정 · 교열 | 안종군

주   소 | 서울시 종로구 동숭길 113 (정보빌딩)
전   화 | (02)3673-0114
팩   스 | (02)3673-0260
등   록 | 1990년 2월 14일 1-1013호
홈 페 이 지 | www.infopub.co.kr

I S B N | 978-89-5674-923-5

매출 올리는 **네이버 스마트스토어 광고 활용법**

손상영 지음

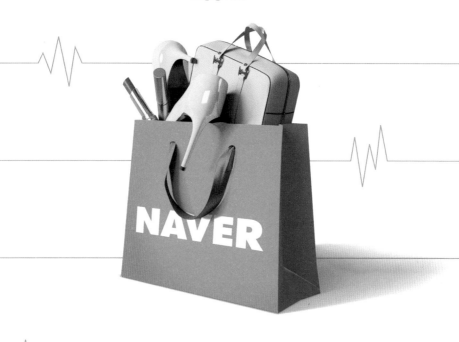

정보문화사
Information Publishing Group

2019년 12월에 발생한 코로나19 때문에 해외 여행의 수요가 급감하면서 해외 여행 관련 상품인 해외유심을 판매하던 필자의 회사 직원들은 퇴사를 하거나 휴직을 해야 하는 상황을 맞이했습니다.

인천공항

코로나19 발생 초기만 하더라도 과거 사스나 메르스처럼 곧 사라질 것이라고 예상했을 뿐 아니라 이처럼 해외 여행에 큰 충격을 줄 것이라고는 상상조차 하지 못했습니다. 회사의 판매 상품이 온라인 마케팅으로 이뤄지다 보니 네이버 스마트스토어에서의 상품 판매가 많았습니다. 코로나19 이전에는 저가 항공사를 이용한 일본과 동남아 여행이 많았고 자유 여행객이 증가하면서 해외 수요가 폭발적으로 늘어나 해외 여행 관련 상품의 판매도 급격히 증가했습니다. 그러다가 2019년 12월을 기점으로 해외 여행객이 급감하는 바람에 해외 여행 관련 상품의 판매량도 감소하게 돼 필자의 업무 시간이 여유로워졌고 남는 시간을 이용해 네이버 교육 센터에 방문해 스마트스토어 교육 및 광고 시스템 교육을 체계적으로 받을 수 있었습니다. 물론, 네이버 교육 센터는 온라인으로도 운용하고 있고 현재는 실시간 LIVE로도 교육을 받을 수 있으며 온라인으로 직접 문의할 수도 있습니다.

네이버 온라인 교육 센터

이와 더불어 코로나19 기간 동안 스마트스토어와 관련된 책도 10여 권 넘게 읽을 수 있었습니다. 코로나19가 발생하지 않았다면 교육을 받으러 갈 시간도 없었을 것이고 스마트스토어와 관련된 책도 읽지 못했을 것입니다. 코로나19가 생각보다 길어지면서 해외 여행객은 물론 매출도 줄어들면서 휴직을 하게 됐습니다. 이 휴직 기간을 이용해 스마트스토어와 마케팅 책을 다독하게 됐습니다. 마케팅 책을 읽으면서 대다수의 책에 똑같은 내용이 반복돼 있다는 것을 알게 됐습니다. 그것은 바로 '새로운 고객을 만들 것'과 '그 고객을 또 고객'으로 만드는 것이었습니다.

책에서 읽은 내용을 복습(?)하기 위해 휴직 중인데도 코로나19 기간 동안 판매되지 않은 해외유심을 파워링크와 네이버쇼핑에 광고했습니다. 책에서 읽은 스마트스토어의 마케팅 전략을 확인해 보고 싶었기 때문입니다. 하지만 아쉽게도 필자가 읽은 책에는 현업에 꼭 필요한 내용이 빠져 있는 것은 물론, 스마트스토어에서 온라인 판매를 하는 판매자에게 꼭 필요한 네이버쇼핑 1페이지에 상품을 노출하기 위한 구체적인 전략과 내용도 없다는 것을 알게 됐습니다. 상품을 스마트스토어에 등록하는 방법을 알려 주는 책은 많지만, 등록한 상품을 네이버쇼핑 1페이지에 전략적으로 노출하는 방법을 알려 주는 책은 없었습니다.

이 책에서는 필자의 경험을 바탕으로 스마트스토어에서 판매하는 상품을 네이버쇼핑 1페이지에 등록하는 방법과 과정을 소개하고자 합니다. 네이버쇼핑 1페이지에 노출하기 위한 방법으로 네이버 광고 시스템과 광고 대행사, 인플루언서 활용에 대한 실전 방법이 담겨 있습니다.

스마트스토어를 운영하는 판매자들은 네이버쇼핑 검색 화면 1페이지에 내 상품이 광고 없이 노출되는 것을 원할 것입니다. 이것이 목적이어야만 내 상품을 스마트스토어에서 많이 판매할 수 있습니다. 그 이유는 고객이 네이버 검색 바에서 검색어를 검색하게 되고 판매자의 상품이 검색된 첫 화면에 노출되기 때문입니다. 이를 위해서는 네이버 광고 시스템을 어떻게 사용해야 하는지를 반드시 알아야 하고 제대로 활용해야 합니다. 광고로 상품을 노출하기 시작하면 나중에는 광고가 없는 상품을 1페이지에 노출할 수 있습니다.

나중에 자세히 다루겠지만, 일반적으로 내가 판매할 상품은 대부분 기존 판매자들이 판매하고 있고, 기존 판매자들의 스마트스토어가 검색어(키워드) 검색 시 1페이지에 노출되는 상황에서 새롭게 시장에 진입하는 새로운 판매자는 네이버 광고 시스템을 이용해 네이버 광고를 시작하면 스마트스토어에 새로 등록한 상품을 1페이지에 노출할 수 있습니다. 또한 스마트스토어를 통해 상품을 구매한 고객은 리뷰를 남기게 되고 다른 고객들이 이 리뷰를 보고 상품을 구매하면서 매출이 자연스럽게 증가할 뿐 아니라 내 스마트스토어의 노출 순위도 높아져서 언젠가는 노출 순위 상단에 랭크되는 것을 확인하게 될 것입니다. 이것이 바로 광고를 이용해 내 스마트스토어의 노출 순위를 상승시킬 수 있는 방법입니다.

그런데 이 방법을 사용하려면 광고비가 필요합니다. 따라서 광고비를 효율적으로 사용해 검색된 화면 1페이지에 노출하는 것을 목표로 삼아야 합니다. 네이버 스마트스토어에 상품을 등록했다고 해서 끝이 아닙니다. 네이버에 등록한 스마트스토어의 상품이 고객이 검색한 화면 1페이지에 노출돼야 비로소 스마트스토어 상품의 판매가 시작되는 것이기 때문입니다.

이 책에서는 스마트스토어에 상품을 새로 등록하고 광고비를 효율적으로 사용해 등록한 상품을 네이버쇼핑의 상단에 노출하는 방법을 소개합니다. 일단 상품은 등록했지만, 광고를 하려면 광고비가 필요하고 네이버 광고 시스템은 다른 사이트의 상품 등록 시스템과 다르기 때문에 다소 어렵게 느껴집니다. 더욱이 스마트스토어 판매자 센터를 다루기에도 바쁘고 고객 상담, 택배 발송 등으로도 바쁜데 네이버 광고 시스템의 화면까지 이해하려면 시간이 부족하기만 합니다. 이것이 바로 네이버 광고 시스템에 익숙해지지 않으면 광고가 어렵게만 느껴지는 이유입니다.

광고 시스템과 관련해 네이버는 온 · 오프라인 교육 센터를 무료로 운영하고 있고 광고를 무료로 도와주는 네이버 공식 광고 대행사도 운영하고 있습니다. 또한 네이버 광고 시스템을 이용하면 이 공식 광고 대행사와 함께 일할 수 있습니다. 따라서 광고 시스템에 대해 아무것도 모르더라도 바로 실행에 옮길 수 있습니다. 네이버의 공식 광고 대행사가 함께하기 때문입니다. 이 밖에 블로그를 이용하거나 인플루언서와 함께 상품을 판매하는 방법으로 마케팅을 활용하면 네이버쇼핑 검색 1페이지에 노출될 가능성을 더욱 높일 수 있습니다.

인터넷 카페나 온라인 강의에 참여한 많은 분이 "네이버 광고를 하면 정말 효과가 있느냐?"라고 묻곤 합니다. 단언컨대 효과가 있습니다. 이제부터는 "어떻게 광고를 해야 효과가 있느냐?"라고 묻는 일만 남았습니다.

이 책이 상품의 매출에 커다란 영향을 미치는 네이버 광고를 이해하는 데 조금이나마 도움이 되기를 바랍니다.

2023년 2월
저자 씀

차례

PART 01

광고 대행사의 무료 도움으로
네이버 광고 시작하기

광고 시스템 소개

네이버 광고 시스템

온라인 쇼핑몰에서 네이버 스마트스토어를 소개하는 이유는 바로 네이버에서 상품을 구매하는 빈도가 점점 더 늘어나고 있기 때문입니다. 필자가 다니고 있는 회사의 매출 구성을 살펴보더라도 옥션, 지마켓, 11번가 등의 매출은 점점 하락하고 있는 추세입니다. 많은 사람이 상품을 구매하려고 하거나 궁금한 상품이 있을 때 네이버에서 검색하고 검색한 화면에 스마트스토어 상품이 가장 많이 노출되는 것만 보더라도 그 이유를 쉽게 알 수 있습니다.

또한 네이버에는 블로그, 카페 및 인플루언서를 통한 콘텐츠가 풍부합니다. 따라서 사람들은 네이버 안에서 많은 검색을 합니다. 바로 이러한 이유 때문에 네이버에서의 노출 경쟁이 더욱 심화되고 있습니다. 기존에 온라인으로 판매하고 있는 상품의 판매가 잘돼서 검색어로 검색한 결과, 스마트스토어 상품이 1페이지에 노출되고 있다면 다행이지만, 대부분의 사업자, 신규 사업자, 신상품을 등록하는 사업자는 다음과 같이 광고를 통해 검색 결과 1페이지에 노출할 수 있습니다. 이 경우에는 네이버에 광고비를 지불하고 네이버의 광고 시스템을 사용해야 합니다.

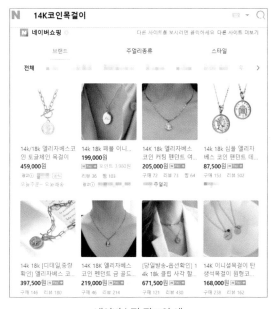

네이버쇼핑 광고의 예

네이버 광고 시스템을 사용해야만 네이버쇼핑 1페이지에 노출할 수 있는 것입니다. 신규 사업자 및 신상품을 등록하는 판매자는 이러한 방법을 통해 고객들에게 자사의 상품을 네이버에 1페이지에 노출하고 상품 판매를 시작할 수 있습니다. 물론, 광고 비용이 발생하긴 하지만 광고 비용 대비 매출이 발생하고 수익을 실현할 수 있습니다. 이 밖에도 광고를 통해 상품을 구매한 고객의 리뷰를 얻을 수 있게 되고 다른 고객이 그 리뷰를 보고 상품을 또 구매하게 됩니다. 지금부터 아무것도 모르는 판매자가 광고 시스템을 사용해 어떻게 상품을 판매할 수 있는지 알아보겠습니다.

광고 대행사와 함께
광고 시스템 시작하기

　네이버의 광고 시스템을 사용하면 네이버 광고 시스템에서 광고를 등록하거나 직접 설정할 수도 있고 광고 대행사에 광고 등록과 설정을 요청할수도 있습니다. 네이버 광고가 처음이라면 시스템에 대해 모르는 것이 당연합니다. 네이버 광고 시스템은 초보자도 쉽게 접근할 수 있습니다. 네이버 광고 시스템을 사용할 때 광고 대행사와 함께하면 상품 광고를 시작하기 쉽습니다. 따라서 네이버 광고 시스템을 사용할 때는 네이버 광고 대행사와 함께하기를 권장합니다. 네이버 광고 시스템 홈페이지에 접속하면 다음과 같이 네이버 광고 공식 대행사를 확인할 수 있습니다.

네이버 광고 공식 대행사, 네이버 광고(saedu.naver.com)

　네이버 광고 시스템을 운영하면 다음 그림처럼 고객이 검색하는 키워드에 노출되는 설명과 문구 등을 등록하기 위해 네이버 광고 시스템에서 캠페인과 광고 그룹을 설정하고 키워드별로 노출되는 설명과 문구가 보이게 설정할 수 있습니다. 다음 그림에서 보이는 텍스트는 판매자가 직접 등록하거나 광고 대행사에서 등록한 것입니다. 이처럼 검색하는 고객에게 판매자의 상품이 잘 보이게 노출하고 있습니다.

네이버 광고의 예

판매자가 판매하는 상품이 적을 때는 광고 시스템에 광고를 직접 등록할 수 있지만, 상품이 많아지면 하나하나 신경 써서 등록하기가 어려워집니다. 그림에서 보이는 광고들이 나중에는 단순 등록 작업이 될 수 있는데, 이러한 작업을 네이버의 광고 대행사를 통해 요청할 수 있습니다. 이것이 바로 광고 대행사와 함께 일하는 가장 큰 이유입니다. 즉, 판매하고 싶은 상품의 등록을 광고 대행사에 요청하면 네이버 광고 시스템의 광고비 사용과 함께 광고 대행사에서 알아서 광고를 등록하고 상품을 노출해 줍니다.

광고 대행사의
광고 등록 업무는 무료

　네이버의 광고 대행사와 함께하더라도 별도의 비용은 없습니다. 다시 말하면 광고 대행사가 판매자의 광고 시스템에서 광고를 등록하거나 노출해 주는 업무는 무료입니다. 이 내용은 네이버 검색 광고 홈페이지에서 확인할 수 있습니다.

네이버 광고 대행사에 대한 설명

　따라서 광고 대행사와 함께하는 것이 업무의 효율성 측면에서도 좋습니다. 광고 대행사는 판매자가 네이버에 지불하는 광고료의 일정 부분을 수수료로 받기 때문에 광고료 외에 광고 대행사에 별도로 지급하는 비용은 없습니다. 이 말은 광고 대행사에 일정 수준 이상의 광고 서비스를 기대하기 어렵다는 것을 의미하기도 합니다. 좀 더 풀어 설명하면, 판매자가 네이버 광고 시스템에서 광고비로 사용하는 광고료가 월 100만 원이라면 대략 15%인 150,000원 정도가 광고 대행사의 수익입니다. 앞서 설명한 대로 광고 대행사에게 광고 노하우(?)를 배울 수 있다는 점과 광고를 빨리 등록할 수 있다는 정도만 기대하면 됩니다. 따라서 네이버에 직접 광고를 등록하는 것보다 네이버 공식 광고 대행사에 광고 등록을 맡기고 다른 중요한 일을 하는 것이 효율적입니다.

네이버 광고 시스템을 오픈한 후 광고 대행사를 선택하면 오픈한 네이버 광고 시스템에 광고 대행사가 접속하고 광고를 무료로 등록해 줍니다. 물론, 광고비는 네이버에 유료로 사용됩니다(광고 대행사는 무료로 등록해 주지만, 네이버 시스템에서 광고비는 유료로 사용됩니다). 광고 업무를 하다 보면 네이버 광고 대행사에서 연락이 오는 경우가 많습니다. 이 경우에는 네이버의 공식 광고 대행사인지 확인한 후에 업무를 맡기면 됩니다. 이때 주의해야 할 점은 처음 광고 시스템을 운영하다 보면 어렵게만 느껴져서 광고를 직접 해 봐야겠다는 마음이 없어질 수도 있다는 것입니다. 이러한 이유 때문에 무조건 광고 대행사에 맡기는 경우가 많습니다. 하지만 광고 대행사가 광고를 맡긴 사업체의 사업 아이템을 완전히 이해할 수는 없으므로 대행사가 광고를 사업자의 판매 의도에 맞게 마케팅하기 어렵습니다.

또한 광고 수익률을 광고 대행사에게 따지는 것도 이치에 맞지 않습니다. 판매자(광고주)의 직원보다 광고 대행사가 광고주 상품의 기능이나 영업 전략, 이벤트 등을 알 수 없기 때문에 단순 반복적인 등록 업무를 광고 대행사에게 맡기는 것은 효율적이지만, 광고에 대한 모든 것을 광고 대행사에 맡기는 것은 광고비를 낭비하는 일일 수 있습니다. 결국 스스로 네이버 광고 업무 능력을 키우는 것이 광고비를 가장 효율적으로 사용하는 방법이라고 할 수 있습니다. 따라서 '좋은 광고 대행사에게 모든 업무를 맡기면 되겠지'라는 생각은 금물입니다.

판매자에게 가장 좋은 광고 대행사는 판매자의 광고 등록 요청 업무를 제대로 이해하고 판매자가 요청한 내용대로 등록해 주는 곳입니다. 하지만 딱 여기까지입니다. 광고 대행사에 업무를 요청할 때는 판매자가 네이버에서 판매하려고 하는 상품의 검색어는 무엇이고 판매자의 스마트스토어가 파워링크와 네이버쇼핑 광고에 등록될 때 어떤 문구가 표시되거나 노출되기 원하는지를 요청하면 네이버 광고 대행사는 판매자가 요청한 대로 네이버에 광고를 등록할 것입니다. 네이버 광고는 이렇게 시작됩니다. 따라서 처음부터 어렵게 등록하지 말고 광고 대행사의 도움을 받아 보세요. 광고 대행사가 등록한 광고 시스템의 화면을 보면 어떻게 광고가 시작되는지 좀 더 빠르게 이해할 수 있습니다. 지금 설명하는 내용이 한 번에 와닿지는 않을 것입니다. 다음 장부터 쉽게 설명해 보겠습니다.

네이버 광고
기초부터 알아보기

네이버에 상품을 검색하고 구매하는 노출 현황

　네이버 광고 시스템을 소개하기 전에 네이버에서 노출되고 있는 광고의 형태에 대해 알아보겠습니다. 현재 네이버에서 사람들이 상품을 구매하기 위해 검색하는 일반적인 현황을 네이버 검색을 통해 확인해 보겠습니다.

　통계를 확인하지 않더라도 사람들은 일반적으로 궁금한 것이 있을 때 PC 또는 스마트폰을 이용해 네이버에서 검색합니다. 구글이나 다음에서 검색할 수도 있지만, 네이버에서 검색하는 사람들이 가장 많습니다. 해외 여행에서 사용할 수 있는 해외유심을 검색한다고 가정하고 네이버에서 해외유심을 검색해 보겠습니다.

　해외유심은 해외에서 통신사 로밍처럼 데이터를 사용할 수 있게 하는 해외 통신사의 유심 칩입니다. 한국에서 SKT, KT, LG 등의 통신사 유심을 이용하는 것처럼 해외에서는 해외 통신사의 유심을 이용해 로밍 비용보다 저렴하게 데이터를 사용할 수 있습니다. 다음은 해외에서 사용하는 해외유심의 모습입니다.

네이버에서 해외유심 검색　　　　　　　　해외유심

파워링크 노출 영역

　네이버에서 해외유심을 검색하면 화면이 변경되면서 페이지의 상단에 파워링크 광고가 나타납니다. 네이버 광고 시스템을 운영하는 회사의 담당자는 파워링크가 광고라는 것을 알고 있지만, 해외유심을 검색하는 사람들은 파워링크가 무엇인지도 모르고, 노출된 회사들이 클릭당 광고비를 지불해 광고를 하고 있다는 것도 알지 못합니다. 즉, 내가 검색한 정보에 따라 상품을 안내하고 구매하는 정도로 이해하는 사람들이 많습니다. 물론, 광고라는 것을 정확히 알고 구매하는 사람들도 있습니다. 나중에 자세히 설명하겠지만, 키워드 입찰가의 순위에 따라 판매 업체마다 광고가 높은 순위부터 낮은 순위로 노출되기 시작합니다.

　예를 들어 다음 화면의 'KT로밍데이터 무료 사이즈업' 광고가 클릭당 광고비를 가장 많이 지불하고 있는 판매자이고 '유심도 역시 도시락 USIM~'이라고 노출된 회사가 클릭당 광고비를 두 번째로 많이 지불하는 판매자입니다. 즉, 광고비를 가장 많이 지불하는 곳이 1페이지 첫 번째 줄에 노출되고 두 번째로 광고비를 많이 지불하는 판매자가 두 번째 줄에 노출됩니다. 이렇게 클릭당 광고비를 지불하는 금액이 큰 판매자일수록 첫 번째로 노출되고 그다음이 두 번째로 노출됩니다. 이렇게 클릭당 금액이 경쟁사보다 높을수록 상단에 노출되고 낮을수록 하단에 노출됩니다. 나중에 다시 설명하겠지만, 판매자의 광고가 노출됐을 때 광고 시스템에서 입찰가를 조정하면 입찰가에 따라 광고의 위치가 변경되는 것을 확인할 수 있습니다. 파워링크 광고는 클릭과 동시에 광고료가 지불되는 광고 방식입니다. 고객이 구매하든 안 하든 클릭당 광고료가 지불됩니다. 검색어 조회나 노출과는 상관 없습니다. 즉, 해당 광고를 클릭할 때마다 광고비가 지불되는 것입니다.

해외유심 검색 화면

참고로 파워링크 광고는 노출만 많이 되고 클릭이 안 되면 광고비는 전혀 발생하지 않습니다. 따라서 클릭은 안 돼도 좋으니 사람들에게 많이 노출돼 회사가 알려지면 좋겠다는 생각을 하는 사업자도 있을 수 있습니다. 네이버 광고 시스템에서 입찰가와 함께 고려되는 것은 바로 '품질 지수'입니다.

다음은 네이버 광고 시스템의 품질 지수와 관련된 화면입니다. 키워드마다 품질 지수의 막대그래프가 다른 것을 확인할 수 있습니다. 광고 시스템에 설정한 키워드에 노출한 광고(소재)가 많이 클릭될수록 품질 지수 막대그래프가 올라갑니다. 즉, 광고 시스템에서 키워드를 검색한 사람들이 노출된 광고 중에서 올바른 광고라고 인식하고 클릭했다고 생각해 품질 지수 막대그래프가 올라가는 것입니다.

품질 지수가 높아지면 경쟁 업체와 똑같은 입찰가로 광고를 노출했을 때 품질 지수 막대그래프가 높은 업체의 광고가 우선적으로 노출됩니다. 즉, 판매자와 경쟁 업체가 검색되는 동일 키워드를 동일한 입찰가로 선정했을 때 품질 지수가 높은 판매자의 키워드가 상단에 노출되는 것입니다. 따라서 품질 지수를 높이는 것이 광고에 효과적입니다.

품질 지수가 높으면 경쟁사 대비 입찰가도 저렴하게 노출할 수 있습니다. 또한 키워드와 광고 그룹을 지운 후에 재설정해도 품질 지수가 따라서 적용되기 때문에 한 번 잘 설정해 놓은 품질 지수는 광고에 지속적으로 영향을 미치게 됩니다.

네이버 광고 시스템의 품질 지수

파워콘텐츠 노출 영역

노출된 페이지에서 화면을 내리다 보면 VIEW가 보이면서 블로그의 글
이 보이기 시작합니다.

'해외유심'이라는 검색어로 노출된 블로그

실제로 사용해 본 후기나 홍보용으로 해외유심을 소개하고 안내하는 블로그 글들입니다. 처음으로 해외유심을 알고 싶어 하는 사람에게는 파워링크의 딱딱한 광고 노출보다 궁금증을 유발하는 글들입니다. 실제로 노출된 블로그를 보면 해외유심이 무엇인지, 어떻게 사용하는지 등 시시콜콜한 부분까지도 자세히 알게 되는 경우가 있어서 블로그를 보고 상품이 무엇인지 이해한 후에 상품을 구매하기도 합니다. 그래서 판매 업체에서는 이렇게 블로그를 운영하는 인플루언서와 홍보 계약을 맺거나 자사의 판매 페이지를 인플루언서의 블로그나 포스트에 링크해 상품의 판매를 유도하기도 합니다.

일반적으로 네이버에서는 콘텐츠를 많이 발행한 인플루언서의 글을 상단에 노출해 주는 경우가 많습니다(독자도 알고 있겠지만, 네이버에서 검색되는 다양한 콘텐츠는 네이버가 만드는 것이 아니라 인플루언서가 만드는 것입니다. 이것이 바로 네이버에서 인플루언서가 중요한 이유입니다). 블로그에 글을 쓰는 사람들 중에서 여행, 보험, 캠핑, 인테리어, 부동산, IT 등에서 한 가지 분야에 집중적으로 글을 많이 발행(쓰는)하는 사람들(인플루언서)의 정보가 더 신뢰 있고 내용도 풍부하기 때문입니다. 그러다 보니 해외유심 판매하는 업체에서는 해당 인플루언서와 상품 홍보에 대한 계약을 하고 판매 업체 측의 상품을 블로그에 노출하는 경우가 많습니다.

해외유심뿐 아니라 다른 상품들도 이와 마찬가지입니다. 블로그 글을 많이 본 사람은 업체 측의 홍보성 블로그 글, 실제로 사용해 본 사람들이 작성한 블로그 글 등을 통해 상품에 대한 이해도를 높이기도 합니다.

블로그로 노출된 영역을 좀 더 살펴보겠습니다. 인플루언서의 글을 지나면 블로그 영역 하단에 광고가 보이기 시작합니다. 광고가 표시된 블로그는 인플루언서와 계약해서 홍보 글을 노출하는 것이 아니라 해외유심을 판매하는 업체 측에서 직접 블로그 글을 작성하고 발행하는 것입니다. 인플루언서처럼 전문적이고 유용한 정보를 매일 올리지는 못하더라도 블로그에 글을 한 번만 작성하면 광고비를 사용해 노출할 수도 있습니다. 판매자의 공식 블로그에 글을 한 번 작성하고 발행하면 광고 시스템에 광고비를 사용해 다음 그림과 같이 페이지의 전면에 노출할 수 있습니다.

광고가 표시된 블로그 영역

2022. 7. 5와 2022. 7. 27에 광고가 표시돼 있고 업체명으로 도시락 USIM과 말톡이 확인됩니다. 이렇게 광고로 표시돼 있지만, 제목과 이미지에 끌려 클릭하게 되는 사람은 광고성 블로그인지 아닌지를 구분하지 못한 채 블로그의 글을 읽는 경우도 있습니다. 판매 업체에서 인플루언서가 발행한 블로그처럼 네이버에 광고를 하는 이유는 바로 이 때문입니다.

"광고는 알리는 것이 아니라 들키는 것이다."(광고의 8원칙, 오두환)

이렇게 블로그에 광고가 표시된 곳이 파워콘텐츠라는 광고 영역입니다. 즉, 판매 업체 자사의 공식 블로그를 네이버 광고 시스템의 파워콘텐츠 영역에 등록하고 광고비를 집행해 네이버에 노출하는 것입니다. 일반적으로 파워콘텐츠 영역의 블로그 글을 읽게 되면 검색어와 관련된 정보를 읽게 되고 블로그에 링크된 상품을 홍보하는 회사의 판매 페이지로 연결되는 경우가 많습니다.

다음 예시 이미지를 살펴보면 상품의 사진과 관련 내용을 설명하다가 하단에 해당 상품인 '태국유심 할인 구매'를 클릭하도록 유도하고 있습니다. 광고 시스템의 파워콘텐츠 광고는 대부분 이렇게 판매자의 스마트스토어로 연결되는 경우가 많습니다. 파워콘텐츠를 통해 상품과 판매자의 브랜드도 홍보하고 판매자의 스마트스토어로 유입돼 상품도 판매할 수 있게 되는 것입니다.

네이버 블로그

네이버 광고 시스템의 파워콘텐츠를 활용할 때는 블로그에 글을 쓸 수 있는 담당자가 사내에 있는 것이 가장 좋습니다. 하지만 이런 경우에는 많지 않습니다. 판매자의 공식 블로그에 콘텐츠를 지속적으로 제작하거나 발행하는 것이 어렵기 때문입니다. 그래서 판매 업체에서는 자사의 공식 블로그 관리를 외부업체에 맡기는 경우가 많습니다. 콘텐츠 전문 제작 업체에서는 고품질의 이미지를 사용하거나 파워콘텐츠 광고 규정에 맞게 글을 발행해 주기 때문입니다. 물론, 인플루언서에게 자사의 블로그를 관리해 달라고 맡기는 경우도 있습니다.

네이버쇼핑 노출 영역

　　정보 탐색을 위해 화면을 좀 더 내려 보겠습니다. 다음 그림은 네이버쇼
핑 영역입니다. 해외유심을 판매하는 업체에서 스마트스토어에 상품을 등
록하면 네이버쇼핑 플랫폼에서 상품을 판매하기 쉽게 노출해 주는 영역입
니다. 고객이 해외유심을 어느 정도 알고 있다면 이곳에서 해외유심을 구
매할 가능성이 높습니다. 상품의 제목과 가격이 바로 보이기 때문입니다.
그뿐 아니라 네이버 페이도 사용할 수 있고 현금처럼 사용할 수 있는 포인
트까지 지급됩니다. 네이버에 로그인돼 있는 상태라면 선택한 상품을 별도
의 로그인 절차 없이 바로 구매할 수 있어서 편리합니다. 실제로 네이버쇼
핑 영역에서 등록된 상품의 판매가 가장 원활하고 많습니다.

네이버쇼핑 노출 영역

판매 업체는 네이버쇼핑 영역에서 상품을 판매하기 위해 이곳에 광고를 하기도 합니다. 네이버쇼핑 영역의 상단에 광고 표시가 보입니다. 광고 비용을 집행해서 보이기 쉬운 상단에 노출하는 것입니다. 광고로 등록된 상품명을 구매자가 검색어로 검색했을 때 파워링크처럼 광고비를 높게 지불한 판매자가 첫 번째로 노출되고 그다음으로 광고비를 높게 지불한 판매자가 두 번째로 노출되는 광고입니다.

한편 네이버 쇼핑 영역에서는 검색어 검색 시 광고를 하지 않고도 스마트스토어에 등록된 상품이 1페이지에 노출된다면, PC와 모바일 모두 이곳에 노출된 상품들이 가장 많이 판매됩니다. 구매자가 더 검색을 하기도 하지만 대부분의 매출은 1페이지에 노출된 스마트스토어에서 일어납니다. 따라서 모든 판매자는 스마트스토어에 상품 등록을 완료한 후 네이버에서 검색된 화면의 1페이지에 노출되도록 하기 위해 노력합니다. 구매자에게 노출되지 않으면 상품을 판매하기 어렵기 때문입니다.

광고는 울며 겨자 먹기?

스마트스토어에 상품을 새로 등록하면 대부분 1페이지에 노출되지 않기 때문에 울며 겨자 먹기로 광고한다고 표현하기도 합니다. 하지만 '이렇게 하면서까지 왜 광고를 해야 할까?'를 생각해 본다면 답은 정해져 있습니다. 결론적으로 말하면 '울며 겨자 먹기'가 아닙니다. 광고 효과가 있기 때문에 하는 것입니다.

많은 사람이 광고를 하기 전에 효과가 없을지도 모른다는 생각 때문에 주저하게 됩니다. 대부분이 그렇습니다. 하지만 네이버 광고 시스템을 알고 시작하면 광고 효과가 있다는 것을 확신할 수 있습니다. 광고 효과가 분명히 있기 때문에 업체들이 광고를 하는 것입니다.

앞에 예시로 네이버쇼핑 노출 영역 네이버쇼핑 그림에서 광고 표시가 없는 아래 순위로 노출되는 판매자들의 스마트스토어들은 판매량 및 기타 여러 가지 합산 점수 기준에 의해 노출됩니다. 판매가 많이 되고 있다는 것은 고객들의 선호도가 높다는 것을 증명하는 것이기 때문입니다. 네이버에서는 판매 수, 클릭 수, 리뷰 수, 찜 수 등의 종합 합산 점수 기준으로 1페이지에 상품들이 노출되고 있습니다. 스마트스토어에 등록된 상품이 많이 판매되면 광고를 하지 않아도 상단에 노출될 가능성이 높아집니다. 광고 다음 순위로 노출되는 이 자리는 일반적으로 네이버에 광고비를 지출하지 않아도 상품이 많이 판매된 기준으로 노출되기 때문에 판매 업체의 입장에서는 광고비를 사용하지 않고 네이버쇼핑 영역에 노출되기 위해 노력하는 경우가 많습니다. 그렇게 해야만 광고비를 지출하지 않고도 자사의 상품이 1페이지에 바로 노출되기 때문입니다. 상품에 따라, 시즌에 따라 다르지만, 네이버쇼핑의 상단에 첫 번째로 노출된 상품을 구매자가 클릭할 때마다 건당 3,000원 정도가 광고비로 발생합니다. 구매자가 100번을 클릭하면 상품 1가지에서만 하루에 광고비가 30만 원이 발생하기 때문입니다. 만약, 상품이 100가지라면 광고비는 더 올라갑니다. 더욱 놀라운 일은 구매자가 클릭하고 구매를 하지 않아도 광고비가 네이버에 지불된다는 것입니다.

판매 업체의 입장에서는 광고비 없이 노출되는 네이버쇼핑 영역이 가장 중요한 부분이기도 합니다. 나중에 자세히 설명하겠지만, 파워링크 광고를 이용해 자사의 공식 온라인몰을 직접 홍보하는 방법이 자사의 브랜드를 위해 더 좋을 수도 있습니다. 이 부분을 중요한 목표로 설정하는 회사도 있습니다. 스마트스토어에 상품을 판매하고 있다면 네이버쇼핑 영역에서 광고비 없이 자사의 상품이 노출되기를 바라는 판매자가 많습니다. 클릭당 광고비 없이도 자사의 상품이 노출돼 판매를 증진시킬 수 있기 때문입니다. 따라서 스마트스토어를 운영하고 있거나 운영할 계획이라면 자사의 판매 상품이 네이버쇼핑 영역 1페이지에 노출하는 것을 목표로 해야 합니다. 하지만 현실적으로는 무척 어렵습니다. 이미 1페이지의 상단에 자리 잡은 판매 업체가 많고 스마트스토어에 상품을 새로 등록하면 새로 진입하는 판매자의 상품이 판매 순위에서 밀리기 때문입니다. 따라서 대부분의 판매자는 상품의 등록과 함께 고민을 하기 시작합니다.

광고 전, 스마트스토어를 보게 될 고객에게 상품을 잘 팔기 위한 준비

적합도, 인기도, 신뢰도 이해와 네이버 검색 알고리즘

　　네이버 광고 대행사와 함께 본격적으로 광고 시스템을 이용하기 전에 현재 등록된 스마트스토어의 상세 페이지를 점검하고자 합니다. 스마트스토어의 상세 페이지를 점검하는 이유는 광고로 유입된 판매 페이지에서 상품이 판매되도록 하기 위해서입니다. 광고비는 광고를 시작하고 클릭되는 순간 지불됩니다. 지불된 광고비를 낭비하지 않고 판매될 수 있도록 하기 위해서는 판매 페이지가 잘 준비돼 있어야 합니다. 즉, 판매 페이지가 잘 준비돼 있으면 유입된 고객의 이탈을 줄일 수 있고 클릭당 광고비를 낭비하지 않을 수 있으며 구매로 이어질 가능성을 높일 수 있습니다.

　　스마트스토어의 목표는 네이버쇼핑의 경우 1페이지에 노출되는 것입니다. 따라서 다음 내용에 항상 관심을 가져야 합니다.

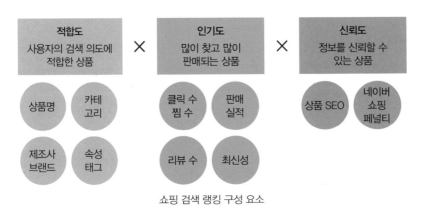

쇼핑 검색 랭킹 구성 요소

좀 더 자세한 설명은 다음의 네이버쇼핑 입점에서 확인할 수 있습니다.

네이버쇼핑 입점

접속하면 다음 페이지에 FAQ가 나타납니다.

네이버쇼핑 홈페이지

다음과 같은 내용을 확인할 수 있습니다.

네이버쇼핑 검색 결과의 노출 순위를 결정하는 검색 알고리즘은 기본적으로 적합도, 인기도, 신뢰도의 3가지로 구성됩니다.

이를 바탕으로 제휴사가 제공하는 상품 정보와 네이버에서 수집하는 각종 쇼핑 데이터 및 검색 사용자 로그를 종합적으로 평가해 검색어 및 사용자 요구에 맞게 재구성해 검색 결과가 만들어집니다. 이 과정에서 검색 결과의 품질을 높이고 사용자에게 다양한 검색 결과를 제공하기 위한 별도의 검색 알고리즘이 반영될 수 있으며 이를 보완하는 로직 및 대책이 수시로 반영될 수 있습니다. 또한 검색 결과가 홍보 수단으로 활용되면서 각종 소프트웨어, 로봇 및 자동화된 도구를 이용해 특정 상품을 노출시키려는 악의적인 시도 등이 늘어나고 있는데, 이러한 어뷰즈 행위는 검색 품질을 훼손하고 이용자의 불편을 초래하기 때문에 적극적으로 차단하고 있습니다.

네이버는 과학적인 방법으로 어뷰즈를 정밀하게 필터링해 서비스에 영향을 끼치지 않도록 하고 있으며 기존 서비스 운영 경험을 바탕으로 검색 알고리즘 및 어뷰즈 필터링 로직을 지속적으로 개선하고 있습니다. 다만, 검색 알고리즘과 검색 결과 어뷰즈로 판정된 사실이 알려질 경우, 이를 우회한 새로운 어뷰즈 공격이 생기게 되고 이에 따라 선의의 이용자들이 피해를 입을 수 있습니다. 따라서 네이버는 상세한 검색 알고리즘 및 어뷰즈 필터링 로직과 해당 로직을 역으로 추정할 수 있는 어뷰즈 필터링 결과를 외부에 공개하지 않고 있습니다.

적합도

이용자가 입력한 검색어가 상품명, 카테고리, 제조사/브랜드, 속성/태그 등 상품 정보의 어떤 필드와 연관도가 높은지, 검색어와 관련해 어떤 카테고리의 선호도가 높은지를 산출해 적합도에 반영합니다.

- 필드 연관도: 검색어가 '나이키'인 경우, '나이키'는 브랜드 유형으로 인식되며 상품명에 '나이키'가 기입돼 있는 것보다 브랜드에 '나이키'로 매칭돼 있는 것이 우선적으로 노출됩니다.

- 카테고리 선호도: '블라우스'라는 검색어의 경우, 여러 카테고리 상품이 검색되지만, '패션 의류>여성 의류>블라우스' 카테고리의 선호도가 매우 높습니다. 검색 알고리즘은 해당 카테고리의 상품을 먼저 보여 줄 수 있도록 추가 점수를 주게 됩니다.

인기도

해당 상품의 클릭 수, 판매 실적, 구매평 수, 찜 수, 최신성 등과 같은 고유한 요소를 카테고리의 특성을 고려해 인기도에 반영합니다. 인기도는 카테고리별로 다르게 구성돼 사용합니다.

- 클릭 수: 최근 7일 동안 쇼핑 검색에서 발생한 상품 클릭 수를 지수화
- 판매 실적
  - 최근 2일, 7일, 30일 동안 쇼핑 검색에서 발생한 판매 수량과 판매 금액을 지수화
  - 스마트스토어의 판매 실적, 리뷰 수는 네이버페이를 통해 자동 연동, 부정 거래가 있을 경우 페널티 부여
- 구매평 수: 개별 상품의 리뷰 수를 상대적으로 환산해 지수화
- 찜 수: 개별 상품의 찜 수를 상대적으로 환산해 지수화
- 최신성
  - 상품의 쇼핑 데이터베이스 등록일을 기준으로 지수화
  - 신상품은 한시적 노출 유도

신뢰도

네이버쇼핑 페널티, 상품명 SEO 등의 요소를 통해 해당 상품이 이용자에게 신뢰를 줄 수 있는지를 산출해 신뢰도에 반영합니다.

- 네이버쇼핑 페널티: 구매평/판매 실적 어뷰징, 상품 정보 어뷰징 등에 대한 상품/몰 단위 페널티 부여
- 상품명 SEO 스코어: 상품명 가이드라인을 벗어난 상품에 페널티 부여

적합도에서의 상품명에 대한 설명도 네이버 페이지에 자세히 소개돼 있습니다.

상품명

상품명에 중복된 단어, 상품과 관련 없는 키워드, 할인 정보 등은 제외하고 간결하게 작성

표준 상품명

사용자가 귀사의 상품을 잘 찾고 구매를 결정할 수 있는 명확하고 충분한 정보를 제공해야 합니다. 제조사, 유통 채널에서 이용되는 공식적인 상품 정보만을 사용하고 상품 정보에는 이벤트, 구매 조건 등과 같은 판매 정보를 포함하지 않는 것이 중요합니다. 특히 브랜드, 제조사, 시리즈, 모델명은 공식 명칭만을 사용하고 색상의 명칭, 상품에 포함된 수량, 상품의 속성 등은 임의로 변경하지 않습니다.

네이버 지식 쇼핑에서는 쇼핑에서 사용되는 키워드에 대해 언어 전문 인력이 상시 모니터링을 통해 동의어, 유의어를 구축하고 있습니다. 영문, 오타, 외래어 표기 등 여러 가지 형태를 구축하고 있으며 해당 동의어, 유의어는 검색에서 자동 처리되기 때문에 중복 기재할 필요가 없습니다. 공식적으로 많이 사용하는 키워드 하나(되도록이면 외래어 표기에 따른 한글로 기입)만 기입하면 됩니다.

상품명에 많은 단어가 포함돼 있다고 해서 검색이 잘되는 것이 아닙니다. 오히려 중복 단어 사용 및 상품명과 관련 없는 키워드, 수식어, 판매 조건 등을 기입하면 어뷰징으로 인식돼 검색에서 불이익을 받게 됩니다. 이는 정확한 상품명을 제공하는 판매자에게는 공정한 기회를 제공하고 쇼핑 검색을 이용 중인 사용자에게는 탐색의 편의성을 제공하기 위한 장치입니다.

- 다음과 같은 내용이 있다면 필수적으로 기입하고 되도록이면 다음 순서대로 기입: 브랜드/제조사, 시리즈, 모델명(모델 코드), 상품 유형(형태), 색상: 다중 색상 허용, 소재, 패키지 내용물 수량, 사이즈, 성별 나이 표현(남성, 여성, 유아), 속성(스펙, 용량, 무게, 연식, 호수)

- 50자 내외의 텍스트 사용을 권장하고 조사, 수식어 사용하지 않음(최대 100자 허용), 50자 이상은 어뷰즈로 판단될 확률이 높음.
- 브랜드, 제조사, 동일한 상품명이나 단어를 반복적으로 사용하지 않음.
- 셀러 쇼핑몰명, 상호명을 상품명에 포함하지 않음(판매처명으로 별도 노출됨).
- 한글을 이용하고 필요한 경우에 영문을 사용, 숫자는 아라비아로 표현함, 한글, 영문 외에 다른 언어는 사용하지 않음.
- ( ), -, ·, [ ], /, &, +, ~ 외의 특수 문자 및 기호는 사용하지 않음, 특수 문자도 많이 사용하지 않음.
- 패키지 상품의 경우, 내용물의 숫자를 정확히 표현
- 이벤트, 판매 조건, 할인 가격, 쿠폰, 적립 등은 기입하지 않음, 별도로 준비된 이벤트, 가격, 쿠폰, 적립 필드를 이용
- 하나의 상품만을 판매하고 단일 정보만 기입함, 카테고리 및 유형이 다른 상품을 하나의 상품으로 묶어 판매하지 않음, 서로 다른 브랜드/제조사 상품을 모아서 판매하지 않음.

다음은 대표적인 상품명의 예입니다. 간결하지만 사용자가 필요한 정보를 모두 담고 있습니다. 가격 비교 상품이 이미 있다면 해당 상품명을 참고하면 도움이 됩니다.

- 파나소닉 루믹스 DMC-GM1 디지털 카메라(1,210만 화소)
- 애플 뉴맥북프로 MGXC2KH/A(레티나 15인치, 256GB SSD)
- GUESS 스키니 청바지 2599 다크 인디고 남성
- 왕자 행거 뉴 프리미엄 커튼형 행거 드레스룸 완전 밀폐형 3P
- 아모레퍼시픽 헤라 옴므 셀 프로텍션 선커버 레포츠 50ml(SPF50)
- 마미포코 팬티형 4단계 대형 38매(남녀 선택)

- 홍보성 수식어 단어 사용 지양: 주문 폭주, 즉시 할인, 재입고 한정, 가격, 첫 구매, 문의, 구매 불가, 공짜, 품절, MD 추천, 1위, 선착순, 임박, 인기, 가성비 최고 상담, 적립, 땡처리, 저렴, 추천, 신상품, 공식, 정품, 이벤트, 긴급 모객 등
- 사회적 이슈가 되는 단어 사용 불가: 정치인명이나 유해 물질이 발견된 상품 모델이 포함된 경우, 자동으로 저품질 처리될 수 있음.
- 띄어쓰기: 띄어쓰기가 너무 없거나 불필요하게 많이 쓰지 않도록 유의(예) 목인형/구체관절인형/관절손/데생/목각인형/미술한글)
- 전화번호: 전화번호 사용을 금지함.
- 정품 표시: 상품명에서 정품 표시는 되도록 지양하며 상품 상세에서 정품 여부에 대한 정보를 제공하는 것을 권장함.
- 명품 단어 사용: 상품 모델을 지칭하는 경우에만 예외적으로 허용함(예) 쿠첸 명품철정 4인용 IH압력밥솥).
- 고급: 고유 상품명에 포함되는 경우에만 예외적으로 허용함(예) 대상 청정원 팜고 급유 1호 선물세트)
- 이월 상품 표시: 의류 시즌 표시는 '연도 + 계절' 형식으로 명확하게 표시(예) 2013 F/W, 2014 S/S, 2014 가을, 2014 봄)
- 상품을 인식하는 필요한 최소한 정보 외에 불필요하게 많은 정보를 포함함: 셀러 고유의 식별 코드를 기입하지 않음(예) IP01, Y01, ST, _ES, EZ, YJ).
- 옵션 선택 상품: 브랜드만 동일하고 모델명이 다른 경우(예) 루미녹스 3051/7057/3051/3051-BO/3053/3089/3081/3151/3057/3042/ 3059/3151/3083 → 해당 상품 서비스 중지, 개별 상품으로 등록 요망), 사이즈, 색상, 모델이 다른 경우(예) RB2132(52mm, 55mm), RB2140(50mm, 54mm), RB2140A RB2151A → 해당 상품 서비스 중지, 개별 상품으로 등록 요망), 제품군, 속성이 모두 다른 경우(예) 2014 F/W신상 플랫슈즈/키높이플랫/슬립온/로퍼 38종, 어반모카 와이어 멀티바스켓 외 공간 활용 수납

용품 13종 모음 → 해당 상품 서비스 중지, 개별 상품으로 등록 요망)

- 상품 정보: 해외, 중고 대여, 렌털, 도서 음반, DVD에 대해서는 EP 가이드에 따라 태그를 정확히 기재해야 함, 무료 배송, 당일 발송도 EP 가이드에 따라 배송료, 배송 부가 정보 등의 필드로 데이터를 기재해야 함.
- 상품을 식별하기에 충분한 정보 부족: 해당 상품 서비스 중지. 제품 정보 재기입 요청, 해당 정보는 이벤트 필드로 변경(예) 10만 원, 150,000원 이상 구매 시 캐릭터 썬캡, 5천원 문화 상품권 증정(소진 시까지)), 자동 번역을 통해 상품명을 파악할 수 없는 경우(예) [해외] GINOVO GINOVO 블랙 가장자리, 2 Ⅱ N7100 금 색깔 Samsung 은하 주를 위한 호환성 주거 건전지 문 뒤 표지 금속 알루미늄 교체)

이벤트 필드

상품명과 상세 정보에는 상품과 관련된 이벤트, 판매 조건, 할인 가격, 쿠폰, 적립 등 판매 정보가 포함되면 안 됩니다. 판매 정보는 이벤트 필드에 입력하면 됩니다. 이벤트 필드에 입력된 내용은 검색되지 않지만, 서비스에 노출돼 확인이 가능합니다.

이벤트 필드 또한 150자의 글자 수 제한이 있습니다. 사용자가 상품 구매 시 도움이 되는 내용만 서술하기 바랍니다.

- 상품명: 삼성전자 아티브 NT450R5E-K83S
- 상세 정보(Description): 15인치 LCD(16:9, 1366x768), 인텔 코어 i5-3230M 2.6GHz, 4GB RAM, 128GB SSD, GMA HD 4000, 윈도우 8.1
- 이벤트 필드: 20만 원 이상 12개월 무이자, 6% 할인 쿠폰, 삼성카드 최대 7,000원 쿠폰 할인, 당일 배송

그리고 이미지에 대해서는 다음과 같이 설명돼 있습니다.

표준 상품 이미지

해당 상품을 정확하게 표현할 수 있는 선명하고 고해상도의 상품 이미지를 사용하는 것을 권장합니다.

- 이미지 사이즈: 300px×300px 이상, 500px×500px 권장, 최대 4,000×4,000px 이하, 패션 의류, 패션 잡화 카테고리의 경우, 화보에 준하는 1000px 이상 권고
- 이미지 용량: 4MB 미만
- 이미지 형식: JPG
- 이미지 수량: 기본 이미지 1개 + 추가 이미지(2개 이상 권장)
- 하나 이상의 이미지는 상품의 전체 모양을 파악할 수 있는 정면 촬영 및 흰색, 단색 배경을 권장
- 피팅 모델이 착용한 그림은 허용하지만, 해당 상품이 주제가 되고 사용자가 색상, 형태를 판단할 수 있는 이미지여야 함.
- 색상/사이즈 등이 다르거나 전후좌우 상세 이미지는 추가 이미지로 제공(하나의 이미지는 하나의 상품 정보만 제공)
- 이미지 내에 과도한 텍스트, 워터마크, 도형 노출 금지
- 초점이 정확하고 선명한 이미지를 사용하고 실제 상품과 달리 과도하게 보정된 이미지 사용 금지

상품 이미지 저품질 사례 & 이미지 SEO 가이드

저품질 이미지는 어뷰징으로 인식되며 검색에서 불이익을 받을 수 있습니다.

- 이미지 내에 과도한 텍스트, 워터마크, 도형이 포함된 경우(브랜드, 스펙 설명 등 제품 그림을 가리지 않는다면 어느 정도 허용함)
- 초점이 흐리거나 확대하지 않아도 픽셀이 깨지는 이미지
- 상품 이미지는 비교적 정상이나 배경이 어지러워 상품을 구분하기 힘든 형태

- 매장에 디스플레이된 상태 그대로 촬영하거나 여러 소품을 이용해 상황을 연출해 촬영한 형태
- 실제 상품과 다르게 과도하게 보정된 이미지 또는 상품과 관계없는 다른 이미지를 노출하는 형태
- 상품 2개 이상, 모델 2명 이상 이미지 노출
- 단일 상품의 앞, 뒤, 옆 부분을 모두 하나의 이미지로 표현하거나 해당 상품을 구성하고 있는 상품을 나열하고 찍은 형태
- 색상만 다른 제품이 하나의 이미지로 돼 있는 형태

네이버에서 소개한 것처럼 이미지는 매우 중요하고 이미지 중에서도 섬네일이 중요하기 때문에 섬네일과 관련해 이미지 부분에서 자주 발생하는 문제를 소개하고자 합니다. 스마트스토어에서 갑자기 상품이 노출되지 않을 때가 있습니다. 바로 이미지 섬네일에 문제가 발견되는 경우인데, 이런 문제는 나중에 설명할 광고 시스템에서 종종 발견됩니다.

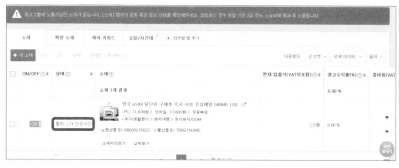

상품이 삭제돼 광고 시스템에 소재 연동 제한으로 표시된 상품

소재 연동 제한으로 광고 시스템에서 상품이 노출되지 않거나 광고가 되지 않는 것을 확인할 수 있게 되고 소재 연동 제한을 클릭하면 다음과 같은 팝업창이 나타납니다.

광고 시스템 팝업창

팝업창에서 소개된 쇼핑 파트너 센터에 로그인합니다.

네이버쇼핑 파트너 센터

로그인 후 다음 그림과 같이 '상품 관리→상품 현황 및 관리→상품 현황→삭제 상품'을 클릭합니다.

쇼핑 파트너 센터 홈페이지 상품 현황 관리

페이지가 펼쳐지면 어떤 이유로 삭제됐는지 확인할 수 있습니다. 이렇게 많은 이유 중 텍스트가 섬네일에 과도하게 들어간 경우에는 상품이 삭제돼 검색 노출에서 보이지 않게 됩니다. 네이버에서 정기적으로 검사하는 것으로 보입니다. 그래서 어느 순간 기준에 맞지 않을 때 상품이 삭제되고 정보 부족/상이(상품 이미지)에 표시되는 것을 확인할 수 있습니다. 이 경우에는 경쟁사 상품의 섬네일을 먼저 확인하고 판매자가 등록했던 섬네일의 텍스트가 과도하게 들어간 부분을 비교해 보면 됩니다. 네이버쇼핑 파트너 센터에 접속된 메인 화면의 오른쪽 상단에 온라인 상담이 있습니다.

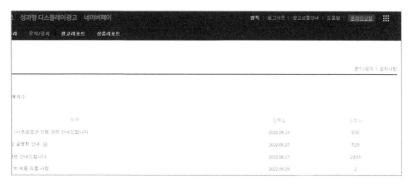

온라인 상담

이 부분을 클릭하면 톡톡 상담을 통해 정확히 확인할 수 있는데, 그 내용에 '대표 이미지에 아래의 텍스트가 포함된 상품은 삭제가 되니 텍스트를 삭제 후 복구 신청해 주세요.'라고 안내하고 있습니다. 또한 브랜드 로고는 된다는 내용도 확인할 수 있습니다.

톡톡 화면

일반적으로 상품 로고와 브랜드만 노출되는 것이 좋은데, 그 밖의 텍스트가 들어가면 상품이 삭제되므로 노출에서 빠져버릴 수 있습니다.

상품이 삭제된 이유를 알게 되는 파트너센터

문제된 상품의 문제점을 확인한 후 섬네일이 문제인 경우에는 섬네일을 수정하고 복구 요청을 완료합니다.

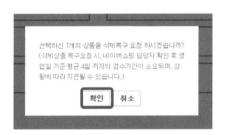

복구 요청 완료 신청 시 나타나는 팝업창

복구 요청을 완료하고 2일 정도가 지나(네이버에서는 최대 4일이 걸릴 수 있다고 안내하고 있습니다) 쇼핑 파트너 센터에서 복구 처리가 완료된 것을 확인할 수 있습니다. 그렇게 되면 몇 시간 후에 다시 네이버쇼핑에서 상품이 노출되는 것을 확인할 수 있습니다.

복구 처리 완료 현황

현업에서 이런 일이 자주 있다 보니 판매하고 있는 상품의 종류도 많고 매일 상품이 잘 노출되고 있는지 검색해 볼 수도 없어서 상품이 삭제됐는지도 모를 때가 있습니다. 필자도 네이버 고객 센터에 판매자의 해당 상품이 삭제되면 알람을 보내 줄 것을 요청했는데, 아쉽게도 상품이 삭제된 것을 알람으로 안내해 주지는 않는다고 합니다. 따라서 이런 문제는 일어나지 않게 주의하는 것이 좋습니다. 이와 관련해 좀 더 궁금한 사항은 네이버 고객 센터에서도 상담이 가능합니다. 네이버 고객 센터 전화번호는 02-1588-3819입니다.

인기도에서의 클릭 수와 판매 지수, 리뷰 수에 대한 설명도 네이버 페이지에 소개돼 있습니다.

클릭 수

최근 7일 동안 쇼핑 검색에서 발생된 상품 클릭 수를 지수화해 제공하고 있습니다. 네이버는 과학적인 방법을 동원해 클릭 수를 집계하고 있으며 어뷰즈를 정밀하게 필터링해 서비스에 영향을 미치지 않도록 하고 있습니다. 기존 서비스 운영 경험을 바탕으로 검색 알고리즘 및 어뷰즈 필터링 로직을 지속적으로 개선하고 있습니다. 클릭 수는 네이버 자체적으로 집계에 반영되므로 별도로 제공하지 않습니다.

판매 지수

최근 2일, 7일, 30일 동안 쇼핑 검색에서 발생한 판매 수량과 판매 금액을 지수화해 제공하고 있습니다. 스마트스토어의 판매 실적, 리뷰 수는 네이버페이를 통해 자동으로 연동되고 부정 거래가 있을 경우 페널티를 부여합니다.

상품명, 상품 이미지처럼 서비스에 노출되지는 않지만, 검색 랭킹에 매우 중요한 역할을 하는 것이 '판매 지수 데이터'입니다. 판매 지수는 쇼핑 검색 결과, 베스트 100 등 다양한 영역에서 상품의 랭킹을 만드는 기본적이고 비중 높은 랭킹 요소입니다.

동일한 상품이라도 판매 지수를 제공하면 상품 검색 결과 랭킹에 매우 유리하게 작용하기 때문에 다른 판매자의 상품보다 상위에 노출될 기회를 얻을 수 있습니다. 특히 베스트 100에서는 상품 검색 결과 랭킹보다 판매 지수의 사용되는 비중이 더 크기 때문에 판매 지수를 제공하는 것은 매우 중요합니다. 네이버페이를 사용하는 경우, 네이버페이 시스템을 통해 자동 연동됩니다. 판매 지수 EP 가이드에 맞게 판매 실적을 전송하면 네이버쇼핑에서 처리돼 랭킹 데이터로 사용됩니다.

리뷰 수

개별 상품의 리뷰 수를 상대적으로 환산해 지수화하고 있습니다. 상품평은 사용자가 상품을 구매 여부를 판단할 때 최종적으로 검토하는 상품 정보 중 하나입니다. 지식 쇼핑과 같이 상품 수가 많고 판매 경쟁이 치열한 상황에서 상품평은 다른 판매자와 차별화되는 요소 중 하나입니다.

상품 검색 결과에서는 '상품평 많은 순'과 같은 정렬 옵션까지 제공하고 있으며 사용 빈도는 매우 높은 편입니다. 네이버페이를 사용하는 경우, 네이버페이 시스템을 통해 자동 연동됩니다. 상품평을 제공하는 방법에 대해서는 EP 수신 가이드를 참고하면 됩니다.

마지막으로 신뢰도에 대한 설명도 페이지에 소개돼 있습니다.

카테고리 · 브랜드 중복
[라텍스 침대매트리스(퀸사이즈) HUB-255] 침대매트리스 침실 가구 라텍스 메모리 메트리스 아틸라트/델라텍스/이케아/게타

혜택 · 수식 문구
[무료 배송] [당일 발송] [비씨카드 7% 할인] 고무나무 다용도 4단 선반(오프라인 인기 1위!!!)

이미테이션
PS 캐비넷 이케아 스타일 TV 다이 거실 수납장 이케아 정품 캐비넷 디자인

셀러명 · 상품명 중복
한샘[땡땡백화점][땡땡백화점일산점] 보니카 그레이 알러지케어 차렵이불(Q)

지나치게 긴 상품명(50자)
[무료 배송] [묶음 배송 불가] 가정용 실버메탈세탁기 선반 메탈랙 메탈선반 행거 화분대 정리대 수납장 진열대 다용도선반 국내 생산 최저가 보장

특수 문자
★땡땡샵★▶무료 배송◀ 강아지 대리석 쿨매트

상품명
SEO

RANK
DOWN

신뢰도의 예

적합도와 신뢰도는 등록 정보를 정확하게 입력해야 하는 부분이기 때문에 상품 정보를 처음 등록할 때 정확하게 입력해야 합니다. 인기도는 판매 실적과 리뷰 수에 많은 영향을 받습니다. 인기도가 높아지려면 상품이 검색된 화면에 많이 노출돼야 하는데, 판매자가 처음으로 상품을 등록하면 네이버쇼핑 1페이지에는 노출되지 않습니다. 하지만 네이버 광고 시스템을 활용하면 등록된 상품을 1페이지에 노출할 수 있습니다.

인기도는 많이 찾고 많이 팔린 평이 좋은 신상품

클릭 수
찜 수 최근 7일 쇼핑 검색 Hit 찜하기

판매 실적
최근 2일/7일/30일 판매 지수

리뷰 수
카테고리별 상대 지수

최신성
등록일순 신상품 일시적 랭킹 노출 유도

인기도의 예

네이버 광고 시스템은 스마트스토어에 등록된 상품을 파워링크와 네이버쇼핑 영역에 광고 상품으로 노출할 수 있습니다. 네이버 광고 시스템을 이용해 파워링크와 네이버쇼핑에 상품을 광고하기 시작하면 상품 노출 순

위가 뒤로 밀려 있더라도 광고를 통해 검색어 검색 화면 1페이지에도 노출되기 때문에 상품이 키워드로 검색된 화면의 상단에 노출됩니다. 즉, 판매하려는 상품이 신상품이라면 광고로도 노출되고 잘 보이는 않는 곳의 하단 어딘가에도 노출됩니다.

광고가 사용되고 있는 예

검색된 화면을 고객이 클릭하면 클릭당 광고비가 발생하고 스마트스토어에 고객이 유입되기 시작합니다. 여기서 광고비를 사용해 상품의 판매가 이뤄지려면 스마트스토어의 상세 페이지에서 리뷰 이벤트, 스토어찜과 소식 알림 쿠폰, 리뷰에 대한 판매자의 댓글을 준비해야 합니다.

리뷰 이벤트

리뷰 이벤트는 스마트스토어에서 설정할 수 있습니다. 리뷰 이벤트를 설정하는 방법은 이미 다른 스마트스토어 책에도 소개돼 있고 네이버 블로그에도 많이 소개돼 있습니다. 리뷰 이벤트를 하면 다음 그림처럼 리뷰 이벤트가 게시됩니다.

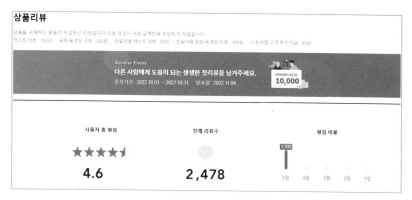

리뷰 이벤트

고객이 리뷰 이벤트를 통해 상품을 구매하면 판매자는 고객에게 리뷰를 유도할 수 있으며 고객은 리뷰 이벤트를 통해 포인트를 더 쌓을 수 있습니다. 구매자가 판매자에게 받은 포인트는 네이버페이로 언제든지 사용할 수 있습니다. 판매자의 목적은 광고 없이 상품을 1페이지에 노출하고 상품을 많이 판매하는 것입니다.

리뷰가 많이 쌓이면 상품 판매에 도움이 되기 때문에 리뷰 이벤트는 매우 중요하고 되도록 많이 하는 것이 좋습니다. 리뷰 이벤트에 사용하는 포인트는 판매자의 정산금에서 지급되지만, 광고를 하는 목적도 리뷰를 쌓는 것에 있기 때문에 광고비로 따져 봐도 손해만은 아닙니다.

잠시 네이버에서 본인이 상품을 구매할 때를 생각해 보기 바랍니다. 내가 상품을 구매할 때 리뷰가 많은 상품을 주의깊게 보게 되고 리뷰 내용도 자세하게 본 후 상품을 구매했던 기억이 있을 것입니다. 리뷰 이벤트를 하면 리뷰 이벤트에 응모한 고객에게 포인트를 지급하게 돼 있습니다. 포인트 지급을 완료한 후 고객에게 리뷰 포인트를 지급한 내용을 다음과 같이 상세 페이지의 상단에 등록하면 상품의 판매에 도움이 됩니다. 상세 페이지의 상단에는 고객이 스마트스토어 상품 페이지에 처음 들어왔을 때 주목을 끌 수 있는 내용을 넣는 것이 좋습니다.

리뷰 이벤트를 하고 있는 페이지는 상품을 정상적으로 판매하고 있는 업체라는 것과 먼저 구매한 고객들이 이곳에서 구매한 상품에 문제가 없다는 것을 확인해 주는 역할을 하기 때문에 고객이 바로 빠져나가지 않고 내용을 더 볼 수 있는 기회를 제공합니다. 여기서 시선을 끌어 페이지를 더 읽고 내려가게 해야 합니다. 그렇게 하지 않으면 리뷰와 가격만 보고 바로 이탈할 가능성이 많기 때문입니다. 페이지에서의 체류 시간이 길어질수록 판매자의 상품이 검색한 구매 고객에게 선택될 가능성이 높아집니다. 바로 이탈하는 고객은 다시 안 들어오겠지만, 체류 시간이 길어진 고객은 이탈하더라도 다시 유입될 가능성이 높습니다.

리뷰 이벤트를 통해 당첨된 사람들에게 포인트만 지급하는 것으로 끝내지 말고 다음 그림과 같이 리뷰 이벤트 선정 발표 내용을 상세 페이지의 상단에 표시해 주는 것이 좋습니다. 이미지는 판매자가 직접 디자인해서 스마트스토어 판매 페이지에 등록하게 되는데, 무료 디자인 이미지도 사용할 수 있습니다. 무료 디자인 이미지 제작 툴인 망고보드, 미리캔버스 등을 이용하면 리뷰 이벤트 내용을 예쁘게 작업해 등록하거나 상품 상세 페이지를 이용해 상품을 디자인할 수도 있습니다.

망고보드

미리캔버스

참고로 리뷰 이벤트는 이벤트 당첨자 숫자와 금액 등을 판매자가 스마트스토어 판매자 센터에서 미리 설정해 등록할 수 있습니다. 그리고 리뷰 이벤트는 한 번 시행되면 수정할 수 없습니다. 즉, 이벤트가 시행되면 포인트의 경우 3,000원을 2,000원으로 수정하는 등과 같은 작업이 불가능합니다. 광고비와 같이 예산을 생각해 잘 운영하기를 바랍니다.

리뷰 이벤트 결과 선정 발표

네이버쇼핑 광고와 관련해서 리뷰 이벤트의 혜택이 큰 경우에는 다음과 같이 네이버쇼핑 광고의 확장 소재에 노출하면 더 효과적일 수 있습니다.

네이버쇼핑 광고에 노출된 리뷰 이벤트의 예

스토어찜과 소식 알림 쿠폰

스토어찜과 소식 알림 쿠폰은 리뷰 이벤트와 마찬가지로 스마트스토어에서 설정할 수 있습니다. 고객이 스토어찜 쿠폰과 소식 알림 쿠폰을 등록하면 재구매를 유도할 수 있습니다. 노출 순위에 영향을 미치는 구매와 마찬가지로 스토어찜도 인기도에 영향을 미칩니다. 또 구매했던 고객을 대상으로 재구매 유도 쿠폰을 발행할 수도 있습니다.

스토어찜과 소식 알림 쿠폰

리뷰 이벤트와 같이 판매자의 정산금에서 지급되는 포인트이지만, 마케팅을 생각한다면 다음 2가지를 항상 기억하고 있어야 합니다.

- 처음 고객을 만들 것
- 처음 고객이 재구매하게 만들 것

참고로 고객이 찜한 스토어는 다음과 같이 모바일 화면 네이버쇼핑에서 찜한 스토어를 바로 찾아 구매했던 상품을 재구매하기 쉽게 구성돼 있습니다.

찜한 스토어를 확인할 수 있는 화면의 예　　찜한 스토어 리스트의 예

리뷰에 대한 판매자의 댓글

고객이 남긴 리뷰에 대한 판매자의 답글입니다. 고객의 리뷰에 대한 피드백을 할 수 있고 새로 구매하려는 고객에게 신뢰감을 줄 수 있습니다. 한 개 한 개의 리뷰가 다음 판매에 영향을 미치므로 고객이 남긴 리뷰에 정성을 다하는 것이 좋습니다.

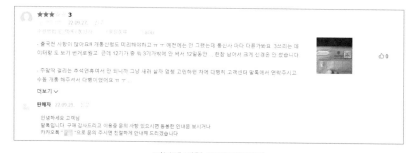

리뷰에 대한 판매자의 댓글

현업에서 꼭 준비해야 하는 부분!
텍스트의 중요성

마지막으로 현업에서 꼭 준비해야 하는 부분에 대해 알아보겠습니다. 사실, 판매자의 목표는 광고를 통해 상품을 노출하는 것이지만, 광고 이전에 광고 없이 판매자의 상품이 노출되는 것입니다. 이를 위해서는 검색어에 따른 판매자의 상품이 검색된 키워드와 가장 잘 매칭돼야 합니다. 따라서 검색된 키워드에 노출될 상품명에 해당 키워드와 관련된 상품명을 작성해야 합니다. 그리고 스마트스토어 태그 입력 부분에 태그도 입력해야 합니다.

또한 상세 페이지에 반드시 텍스트로 상품명과 태그 값 등을 함께 노출해 주는 것이 좋습니다. 네이버에서 검색된 검색어는 상품명, 태그와 매칭되지만, 상세 페이지의 텍스트와도 매칭되기 때문입니다.

요즘에는 상품을 이미지로 등록하거나 HTML을 사용해 등록하기 때문에 판매 상품 페이지에서 텍스트로 상품에 대한 내용을 노출하는 것을 잊을 때가 많습니다. 좀 더 자세하게 설명하면, 상품명의 글자 수 제한으로 상품에 대한 내용을 등록하지 못하는 상품이 있고 태그에 더 넣지 못하는 내용도 있습니다. 이런 텍스트를 이미지에서만 보여 주지 말고 상품 페이지에서 텍스트로 노출해 주세요.

10장에서도 자세히 설명하지만, 네이버 검색 로봇이 상품 페이지의 텍스트에서 검색된 키워드와 매칭되는 상세 페이지의 키워드를 함께 찾아 노출해 줄 것입니다. 상품명, 태그 그리고 상품 페이지에서 텍스트를 이용

매출 올리는
네이버 스마트스토어
광고 활용법

하면 광고가 없을 때도 검색어에 더 잘 노출될 수 있습니다.

스마트스토어에 대한 이야기를 하다 보니 스마트스토어 판매가와 옵션 가의 범위를 헷갈려하는 친구에게 도움을 준 일이 생각납니다. 독자 중에 서도 판매가와 옵션가를 등록할 때 헷갈리는 분이 있다면 참고하기 바랍 니다. 네이버 스마트스토어에서 상품을 판매하기 위해 상품을 등록하면 상 품명 다음에 판매가를 등록하게 돼 있습니다. 기본 상품으로 판매하는 상 품이 1가지라면 다음과 같이 기본 판매가를 등록하면 됩니다.

옵션가 ①

그런데 판매하는 상품이 3가지라면 상품을 옵션으로 등록하게 돼 있는 데, 예를 들어 판매하는 첫 번째 상품이 10,000원, 두 번째 상품이 30,000 원, 세 번째 상품이 40,000원이라면 다음과 같이 등록할 수 있습니다.

옵션가 ②

기본 가격에서 옵션 가격을 추가 등록한 것을 확인할 수 있습니다. 그런데 실제로 스마트스토어에서 등록하면 등록되지 않습니다. 등록되지 않으면서 다음과 같은 안내가 나타납니다.

옵션가 ③

그 이유는 스마트스토어에서 옵션가 항목의 범위를 등록할 수 있는 규칙이 있기 때문입니다. 네이버에서는 옵션의 항목의 대해 다음과 같이 안내돼 있습니다.

- 판매가 0~2,000원 미만: 0원 이상~ +100% 이하만 설정 가능
- 판매가 2,000원~10,000원 미만: -50% 이상~ +100% 이하만 설정 가능
- 판매가 10,000원 이상: 판매가의 -50% 이상~ +50% 이하만 설정 가능

처음에 소개한 10,000의 경우, 옵션가 항목을 -5,000원에서 +5,000원 이하로 설정하게 돼 있습니다. 이런 규칙에 따라 등록되지 않는 것을 알 수 있습니다. 이때는 할인가 적용을 통해 옵션을 재구성해 볼 수 있습니다.

예를 들어 설명하겠습니다. 다음 예에서 판매가는 10,000원이었는데 지금은 60,000원으로 설정된 것을 알 수 있습니다. 그리고 할인을 50,000원으로 설정했습니다. 그러면 실제 판매(구매)되는 가격은 처음과 동일하게 10,000원이 됩니다.

옵션가 ④

그리고 판매가가 60,000원이 됐기 때문에 옵션가 항목에서 옵션 가격을 -30,000원~ +30,000원까지 설정할 수 있게 됩니다. 판매가가 60,000원이기 때문에 옵션가 항목을 처음과는 다르게 설정할 수 있게 된 것입니다. 상품은 실제로 처음과 동일하게 10,000원에 판매됩니다. 50,000원 할인을 적용했기 때문입니다. 여기서 할인은 할인으로만 생각해 주고 판매가는 60,000원이라는 것을 인지합니다. 60,000원이라는 금액을 기준으로 옵션가 항목을 -30,000~ +30,000으로 설정할 수 있습니다. 판매 가격이 아니라 옵션 가격 항목을 −30,000~+30,000원을 기준으로 설정할 수 있다고 생각하면 됩니다.

　다시 다음의 옵션가 항목을 살펴보면 두 번째 30,000원으로 판매하려는 상품은 옵션가 항목을 30,000원 이내인 20,000원으로 등록했고 세 번째 40,000원으로 판매하려는 상품은 옵션가 30,000원 이내인 30,000원으로 등록한 것을 알 수 있습니다.

옵션명		옵션가	재고수량	판매상태	관리코드	사용여부	삭제
컬러							
A	+	0	0	품절		Y	×
B	+	20,000	0	품절		Y	×
C	+	30,000	0	품절		Y	×

옵션가 ⑤

　이렇게 하면 옵션가 항목을 정상적으로 등록할 수 있게 됩니다. 3장까지 가볍게 소개한 스마트스토어와 광고 시스템을 4장에서 자세하게 소개하고자 합니다. 4장부터는 파워링크 광고를 비롯한 네이버 쇼핑, 파워콘텐츠, 브랜드 광고에 대해 알아보겠습니다.

자사몰을 노출하고 싶다면 정답은 파워링크 광고!

파워링크 소개

파워링크 광고는 네이버에 다음과 같이 소개돼 있습니다.

파워링크

네이버 통합검색 탭 결과에 노출되는 파워링크 영역 광고는 최대 10개까지 노출이 됩니다.
노출 여부도 그룹 전략에서 설정 가능합니다. 위치 특성상 광고 주목도가 매우 높습니다.

비즈사이트

네이버 통합검색에서 파워링크 보다 하단에 최대 5개까지 노출됩니다.

파워링크 광고 소개 네이버 광고 시스템

파워링크 광고는 네이버에서 검색과 동시에 상단에 노출되는 10개의
광고를 말합니다. 대부분의 판매자가 비즈 사이트의 위치보다 상단에 있는

파워링크 광고 영역에 상품을 노출하고 싶어합니다. 노출 순위가 높아 검색한 고객에게 바로 보이기 때문입니다. 하지만 입찰가를 높게 책정해야 상단에 노출될 가능성이 높아집니다. 이번에는 네이버에서 '4인용 식탁'이라는 검색어를 이용해 실제로 어떻게 노출되는지 알아보겠습니다.

4인용 식탁

위 그림의 파워링크 광고들이 보여 주는 파란색으로 된 텍스트(글자) 부분을 '제목'이라 하고, URL(주소) 다음에 보이는 검은색 작은 텍스트(글자)를 '소재'라고 합니다. 그리고 가격이 보이는 글자 부분을 '확장 소재'라고 합니다. 고객이 검색할 키워드를 광고 시스템에 등록하고 검색이 되면 노출될 제목과 소재 그리고 확장 소재를 이렇게 표시되도록 광고하고 있습니다.

이렇게 노출되도록 하기 위해서는 광고 대행사에 요청하는 것이 좋습니다. 앞서 설명한 것처럼 광고 대행사에 요청할 때는 '4인용 식탁'이라는 검색어로 검색했을 때 첫 번째 광고에서 파란색 글자의 제목에는 '100% 이태리 세라믹~', 검은색 글자인 소재 부분에는 '2인, 4인, 6인, 8인, ~'그리고 세 번째 자리에 노출된 광고에는 가격이 보이는데 이를 '확장 소재'라고 합니다. 확장 소재 영역에 판매가 많은 상품의 가격을 노출되도록 해 달라고 요청해야 합니다. 보여드린 예시 이미지에서 가장 상단인 첫 번째에 노출된 광고가 입찰가(광고 가격)를 가장 높게 입찰한 광고입니다. 그다음이 입찰가 순, 두 번째와 세 번째가 업체의 광고 소재가 노출됩니다. 즉, 광고를 하려는 판매 업체의 광고비가 동일하게 입찰가로 설정됐다면 동일 키워드에 대한 품질 지수가 높은 판매자가 높은 순위로 광고가 노출됩니다. 이것이 바로 품질 지수가 중요한 이유입니다.

입찰가 설명

파워링크 광고는 클릭과 동시에 과금되는 광고 시스템입니다. 노출된 소재를 보고 한 번 클릭하면 입찰가로 지정한 금액이 한 번 과금됩니다. 상품을 검색한 사람이 해당 상품의 구매와 상관없이 클릭만으로 광고비가 사용되는 시스템입니다.

여기서 광고비로 사용되는 입찰가는 업체마다 다르기 때문에 업체마다 입찰가를 각각 지정하면 입찰가의 순위대로 광고가 노출됩니다. 예를 들어 입찰가를 3,000원으로 지정한 업체는 1위, 2,000원으로 지정한 업체는 2위, 1,000원으로 지정한 업체는 3위로 노출됩니다(실제로는 업체마다 광고비를 효율적으로 사용하기 위해 1,550원, 1,320원 등으로 입찰합니다). 그 이하는 더 적은 금액을 입찰한 순서대로 파워링크 광고가 노출됩니다.

그런데 실제 노출 후에는 입찰가로 지정한 금액이 아니라 노출 순위 바로 다음의 '입찰가+10원'이 클릭 금액으로 과금됩니다. 예를 들어 노출 순위 1위 업체가 입찰가를 3,000원으로 지정하면 1위로 노출되고, 2위 업체가 입찰가가 2,000원으로 지정하면 노출 순위 1위 업체의 클릭당 과금 비용은 3,000원이 아니라 2위 입찰가에 +10원을 더한 2,010원이 됩니다. 실제로 광고 시스템에서 입찰가가 과금되는 금액을 살펴보면 입찰한 가격보다 낮은 금액이 과금되는 것을 확인할 수 있습니다.

다음 예에서 이탈리아유심 키워드의 현재 입찰가는 1,200원으로 확인되는데, 클릭 수는 3회입니다. 그러면 1,200원에 클릭 3번을 곱해 계산된 금액 3,600원이어야 하는데, 실제로 과금된 비용은 3,190원입니다. 입찰가는 1,200원을 지정했지만, 실제로는 3,190원 ÷ 3번 클릭 = 1,063원이 과금된 것입니다.

	ON/OFF ⑦ ⇵	상태 ⑦ ⇵	키워드 ⇵	노출수 ⑦ ⇵	클릭수 ⑦ ⇵	총비용(VAT포함,원) ⑦ ▾	전환매출액 ⑦ ⇵	현재 입찰가(VAT미포함) ⑦ ⇵
☐			키워드 54개 결과	53	3	3,190원	0원	
☐	ON	노출가능 ⊙	이탈리아유심	50	3	3,190원	0원	1,200원
☐	ON	노출가능 ⊙	데이터무제한유심이탈리아	0	0	0원	0원	100원
☐	ON	노출가능 ⊙	로마유심	0	0	0원	0원	1,200원

입찰가

입찰 순위 1위에만
노출하고 싶을 때

입찰가가 바로 '다음의 순위의 입찰가+10원'으로 발생하다 보니 계속 1위에만 노출하고 싶다면 한 번 클릭당 과금되는 키워드 가격을 10,000원으로 노출할 수도 있습니다. 그러면 키워드 입찰가를 1,000원에서 3,000원 사이로 지정한 광고 영역에서 항상 1위로 노출할 수 있습니다.

이때 주의해야 할 점이 있습니다. 어느 날 경쟁 업체에서 입찰가를 9,990원으로 지정했다면 한 번 클릭당 10,000원이 발생합니다. 하루 예산 광고비를 10만 원으로 책정했다면 하루 24시간에 사용할 광고비를 10번의 클릭만으로 모두 사용하게 돼 남은 시간에는 광고가 노출되지 않게 됩니다. 따라서 하루 광고 예산과 함께 입찰가를 항상 신경 쓰는 게 좋습니다. 그리고 파워링크에서 노출 순위를 높게 하는 입찰가가 가장 중요한 것이 아니라 다른 부분이 더 중요할 수 있는데, 이 부분은 나중에 자세히 설명하겠습니다.

파워링크의 연결 페이지를
자사몰로 설정해야 하는 이유

　　노출된 파워링크 광고를 클릭하면 이미 광고 시스템에 설정해 놓은 상품 판매 페이지로 연결됩니다. 여기서 자사몰이란, 네이버 스마트스토어 쇼핑몰이 아니라 고도몰, 카페24 등을 통해 독립적으로 구축된 쇼핑몰을 말합니다. 파워링크 광고에서 자사몰로 유입되는 경우는 다음과 같습니다.

- 스마트스토어 및 기타 쇼핑몰 대비 결제 수수료 이외에 수수료 없음.
- 다른 쇼핑몰의 고객이 아닌, 자사의 쇼핑몰에 직접 유입된 고객 확보
- 자사몰에 유입된 고객에게 브랜드를 인지시킬 수 있고 타사 구매 방어
- 자사의 이벤트 및 신상품 소개 등에 정기적 할인 쿠폰으로 재구매 유도
- 구매 고객에게 인지도 상승으로 구매자의 주변 고객까지 확보 가능성
- 재구매 시 상품명이 아닌 브랜드 검색으로 자사몰에 유입돼 상품 구매

　　파워링크 광고를 통해 자사몰의 상품을 구매한다면 위와 같은 장점이 있습니다. 자사몰 유입을 통해 파워링크 광고를 하는 데는 중요한 팁이 있습니다. 스마트스토어에서 상품을 구매한 고객은 대부분 구매처(브랜드)를 인지하지 못합니다. 그래서 재구매를 할 때 다시 검색해서 새로운 판매자의 상품을 구매하는 경우가 많습니다. 주변 사람이 구매자에게 구매 문의를 할 경우에도 네이버에서 검색하고 구매하라고 이야기합니다. 브랜드 인

지도는 그만큼 중요합니다. 고객이 판매자의 브랜드를 인지하기 시작한 순간, 고객은 네이버에서 상품명으로 검색하지 않고 브랜드명으로 검색하게 되고 브랜드 검색과 함께 연결된 판매자의 자사몰에서 상품을 구매할 것이며 판매자도 네이버에 수수료를 지불할 필요 없이 자사몰에서 상품을 독립적으로 판매하게 되는 것입니다.

파워링크의 연결 페이지를
스마트스토어로 설정해야 하는 이유

이번에는 스마트스토어 상품 페이지를 연결한 경우에 대해 알아보겠습니다. 자사몰이 없는 경우가 첫 번째이기도 하겠지만, 이 밖에 다른 이유도 있습니다.

- 스마트스토어 상품 페이지에서 고객이 상품을 구매한 후 고객 리뷰를 획득할 수 있습니다.
- 상품 페이지에 고객 리뷰가 등록되면 다른 구매자가 리뷰를 확인하게 되고 추가 구매가 발생합니다.
- 파워링크 광고를 통해 추가 구매가 발생하면 스마트스토어 인기도가 상승돼 네이버쇼핑에 등록된 스마트스토어 상품이 1순위에 노출될 가능성이 높아집니다.
- 네이버쇼핑 1순위에 노출되면 광고를 하지 않아도 상품을 많이 판매할 수 있습니다. 다음 그림에서는 광고를 하지 않았는데도 1페이지에 노출된 업체가 보이고 있습니다.
- 스마트스토어 고객을 다시 자사몰로 유입하는 마케팅을 할 수 있습니다.
- 스마트스토어 배송 고객에게 자사의 쿠폰 발급 및 이벤트 등을 노출함으로써 자사몰을 소개하고 유입시킬 수 있습니다.

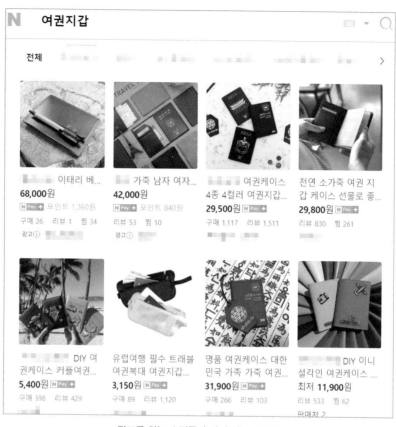

광고를 하는 쇼핑몰과 하지 않는 쇼핑몰

　파워링크로 광고를 자사몰로 연결하는 게 좋은지, 스마트스토어 판매 페이지로 연결하는 게 좋은지는 마케팅 전략에 따라 다릅니다. 대부분의 판매자는 자사몰을 더 선호합니다. 네이버에서 파워링크 영역의 사이트들을 살펴보면 자사몰이 더 많은 것을 알 수 있습니다. 가장 큰 이유는 브랜드를 기억하게 하고 싶기 때문입니다.

파워링크 광고
미리 이해하기

예산 책정

광고비 집행을 통해 하루에 사용할 예산을 책정합니다. 하루에 사용할 광고비가 50,000원이라면 월 광고비는 150만 원 정도로 예상할 수 있습니다. 예산으로 책정된 광고비를 광고 대행사에 알려 주고 정해진 예산 안에서 광고를 사용될 수 있게 설정해 달라고 요청하면 됩니다. 광고 예산은 실시간으로 언제든지 수정할 수 있습니다. 증액, 감액은 물론 아예 없앨 수도 있습니다. 미리 충전된 금액 안에서 사용할 뿐입니다. 월 광고비를 150만 원으로 설정했다가도 언제든지 광고를 오프(OFF)해서 광고를 하지 않을 수도 있습니다. 이는 오직 판매자의 선택입니다.

키워드 설정

파워링크 광고에 검색될 검색어(키워드)를 정리합니다. 즉, 판매하려는 상품이 노출되는 키워드를 설정하는 것입니다. 이를 위해서는 판매하려는 상품이 검색되는 주요 키워드를 먼저 선택해야 합니다.

첫째, 네이버 데이터 랩에서 쇼핑 인사이트를 활용합니다.

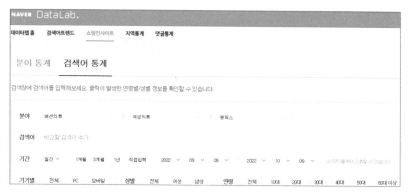

네이버 데이터랩 ①

판매하려는 상품이 '원피스'라면 네이버 데이터 랩 분야에서 각각의 해당 검색어 값을 입력하고 조회합니다. 원피스 인기 검색어가 확인됩니다. 판매하려는 상품이 '가을', '롱', '하객 원피스' 등이라면 해당 검색어(키워드)의 클릭량을 확인한 후 판매하려는 상품이 노출되도록 하면 됩니다.

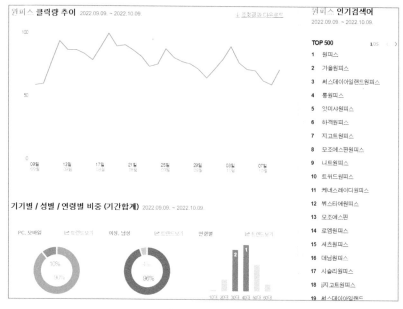

네이버 데이터랩 ②

둘째, 네이버쇼핑에서 키워드를 한 번 더 확인합니다. 다음 그림에서는 연관 키워드를 보여 주고 있습니다. 만약 판매하려는 상품과 연관된 키워드가 있다면 키워드를 등록하기 위해 분류하고 등록합니다. 참고로 연관 키워드가 제공되는 검색어가 있기도 하고 없기도 합니다. 즉, 모든 검색어의 연관 키워드가 보이는 것은 아닙니다.

원피스로 검색했을 때 노출되는 연관 키워드

셋째, 광고 시스템 키워드 도구에서 키워드별 월간 검색 수를 확인합니다. 광고로 사용할 키워드의 검색 수와 광고 노출 순위에 따른 경쟁 정도를 예상할 수 있습니다. 키워드별 월간 검색 수를 살펴보면 높은 숫자가 사람들이 검색을 많이 한다는 의미라는 것을 알 수 있습니다. 따라서 많은 판매 업체가 검색을 많이 하는 검색어에 광고를 노출할 것입니다. 그러다보니 경쟁이 심해지고 광고비 입찰 가격이 높게 형성됩니다.

PC와 모바일에서 조회수가 다른데, 같은 키워드라도 PC와 모바일의 조회수가 다르다보니 판매 업체도 광고를 하는 경우도 있고 하지 않는 경우도 있어서 광고비 입찰가가 다르게 형성될 수 있습니다(실제로 광고 시스템에서 같은 키워드인 경우, PC와 모바일의 조회수에 따라 입찰가가 다르게 형성됩니다). 조회수가 낮은 키워드는 경쟁도도 낮아져 광고비 입찰가가 조회수가 높은 키워드보다 낮은 가격으로 정해질 가능성이 높습니다. 조회수가 높은 키워드보다 낮은 키워드에서 구매가 일어나는 경우, 투입된 광고비 대비 매출이 발생하기 때문에 광고 수익률이 좋아집니다.

키워드 도구 네이버 광고 시스템

키워드별 월간 예상 실적 보기를 통해 노출 수에 따른 입찰 가격을 예상할 수 있습니다.

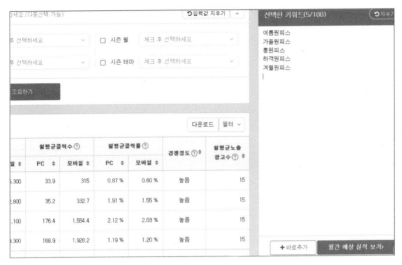

키워드의 월간 예상 실적 보기

해당 키워드의 입찰가를 500원으로 했을 때 각각 키워드의 노출 수와 예상 클릭 수, 예상 비용까지 확인할 수 있습니다. 절대적이지는 않지만, 하루 광고 예산을 책정할 때 참고할 수 있습니다.

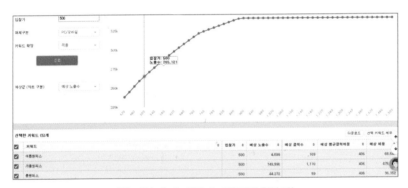

키워드의 노출 수, 클릭 수, 비용까지 확인 가능

정리하면 한 달 동안의 광고비를 예상한 후 광고를 통해 판매할 상품을 구분하고 광고 대행사에 등록을 요청합니다. 광고하는 상품이 노출되도록 구매자가 검색할 검색어(키워드)를 광고 대행사에 등록 요청하고 등록된 키워드가 클릭당 과금될 광고비를 확인합니다. 처음이므로 PC와 모바일에서 3번째 정도 순위로 노출되도록 광고 대행사에 요청합니다. 그런데 노출되는 상품의 판매가 대비 광고비 입찰가가 높으면 노출 순위를 낮게 또는 높게 설정할 수 있습니다. 이는 판매자가 상품과 노출되는 광고에 따라 자유롭게 변경할 수 있습니다.

소재 설정

네이버에서 광고를 할 때 가장 중요한 부분입니다. 키워드를 검색할 때 네이버 검색 화면에 나타나는 이미지와 텍스트를 '소재'와 '확장 소재'라고 합니다. 상품을 구매하려는 고객이 검색하는 검색어에 가장 충실한 설명을 네이버에서 보여 줘야 합니다. 이와 아울러 고객이 검색한 키워드에 노출될 설명을 정확하게 매칭해 한 방에 클릭되도록 하고 되도록이면 한 번 클릭으로 구매하게 만들어야 합니다. 이렇게 해야 광고비 예산을 효율적으로 사용할 수 있습니다. 광고비 하루 예산이 50,000원이라면 50,000원에서 최대한 성과를 내야겠지요? 네이버에 광고 노출이 잘됐는데, 고객이 구매는 하지 않고 광고만 클릭하면 광고비를 낭비하게 됩니다. 꼭 검색어를 검색한 고객이 검색어에 노출된 광고를 보고 구매할 마음으로 클릭할 수 있도록 만들어야 합니다.

이번에는 검색어에 보이는 소재를 어떻게 노출하면 좋을지 실제 검색 화면을 통해 확인해 보겠습니다. 다음 그림의 검색된 키워드는 '40대 원피스'입니다. 구매자는 검색한 후 자연스럽게 스크롤하게 되는데, 어느 지점에서 시선이 멈췄을까요?

'40대 원피스'로 검색한 화면

　　파워링크 광고를 보고 이해하셨다면 소재의 중요성도 빠르게 이해했을 것이라 생각합니다. 확인된 소재는 입찰가가 높은 1위로 노출한 것이 아니라 검색어에 충실하게 노출한 소재입니다. 광고비를 높게 사용해 첫 번째 줄에 노출할 수도 있지만, 광고비보다 노출된 소재가 키워드에 맞게 노출돼야 광고가 더욱 효과적입니다. 위 그림에서는 검색어에 따른 소재가 시선을 기다리고 있었습니다. 40대가 원피스를 검색했고 소재에서 40대 쇼핑몰을 노출함으로써 시선을 향하게 하고 있습니다.

　　하나 더 살펴보겠습니다. 키워드를 '반뿔테 안경'으로 검색했습니다. '반뿔테 안경'이라는 키워드를 노출한 판매자의 노출 순위는 1위가 아닙니다.

N	**반뿔테안경**

내 얼굴에 딱 맞는 ▨▨ · 차이점은 ▨▨인지 아닌지
광고 ☒Pay✚
2022 트렌드 안경 전문 맞춤 안경테 사각 아넬형 하온테 하금테 남여 공용

▨▨, 테 값도 좋은데! · 3번 압축까지 안경렌즈 0원
광고 /
새로운 안경 쇼핑의 시작, 이제 간단하게 **반뿔테안경** 구매하세요. 글라스미
안경렌즈0원 안경테 가맹문의 매장찾기

세상 가벼운 변화, ▨▨
광고 ☒로그인
▨▨▨ 콜라보, 블루라이트&자외선 차단, 풀 티타늄, 코닥 렌즈 클리너까지!
선글라스특가 코닥 렌즈 NEW BEST

▨▨ 안경 브랜드 ▨▨▨ · 1개만 사도 무료배송 · 전제품 할인 및 무..
광고 ☒로그인
안경 좋은 소재, 감각적인 디자인! 편안함이 주는 일상의 차이를 경험해 보세요

▨▨ 반뿔테 안경 · ▨▨ 안경 온라인 스토어
광고
합리적인 가격 프리미엄 소재의 **반뿔테 안경**을 다비치 마켓에서 확인해보세요.

'반뿔테 안경'이라는 키워드로 검색한 화면

구매자는 여러 판매처의 상품을 계속 보는 것을 부담스러워합니다. 따라서 소재는 다음과 같아야 합니다.

- 검색하려는 사람의 마음을 꿰뚫어야 합니다.
- 검색어에 맞는 상품의 가치를 제대로 알려 줘야 합니다.
- 고객이 검색하면서 원하는 내용이 있어야 합니다.
- 고객이 구매하고 싶어 클릭하게 해야 합니다.

이렇게 해야 광고비를 효율적으로 사용할 수 있고 하루 광고 예산 안에서 1순위 입찰가를 사용하지 않고도 더 많은 노출과 클릭을 받게 됩니다. 그리고 소재가 클릭됐을 때는 해당 상품의 판매 페이지로 연결돼야 합니다.

판매 회사의 메인 페이지가 아니라 '40대 원피스', '반뿔테 안경'을 바로 구매할 수 있는 페이지가 바로 연결돼야 합니다. 만약, 메인 페이지로 연결되면 고객은 그곳에서 상품을 다시 찾아야 하고 피로감 때문에 이탈하게 되므로 반드시 소재에 맞는 구매 페이지로 연결해야 합니다. 광고 그룹을 이렇게 설정할 수도 있고 키워드별 연결 URL을 사용할 수도 있습니다. 기능적인 부분은 나중에 설명하겠습니다.

소재의 중요성

소재가 매우 중요하기 때문에 하나만 더 확인해 보겠습니다. 다음은 현업에서 파워링크 광고를 하는 화면입니다. 고객이 '멕시코유심'을 검색하는 화면입니다. 참고로 멕시코유심은 멕시코에서 사용하는 통신 로밍 상품입니다. 멕시코유심을 이용하면 멕시코에서 스마트폰의 로밍을 저렴한 요금으로 사용할 수 있습니다.

'멕시코유심'이라는 키워드로 검색한 화면

마케팅 책에 '페르소나'라는 설명이 있습니다. 페르소나는 가상 고객을 설정하고 고객이 어떤 행동을 하는지를 예측하는 마케팅을 말합니다. 멕시코유심을 검색하는 사람은 멕시코유심 외에 어떤 것이 궁금했을까요? 현재 보이는 화면의 텍스트(글자)들이 네이버 광고 시스템에서는 제목, 소재, 확장 소재라고 설명했습니다.

고객의 검색이 예상되는 검색어(키워드)를 등록하고 실제 고객이 키워드로 검색했을 때 광고가 노출되는 글자를 네이버 광고 시스템에서는 '소재'라고 합니다. 광고주는 광고를 하기 전에 이 부분을 고민해서 등록하거나 광고 대행사에 등록을 요청해야 합니다. 지금 보이는 파워링크 영역에서 소재가 멕시코유심으로 노출된 것의 노출 순위는 세 번째입니다.

판매자의 하루 광고 예산은 대부분 정해져 있습니다. 정해진 광고비 안에서 최대한 노출되고 클릭되도록 해야 광고 수익률이 좋아집니다. 클릭한 후 구매를 할 수도 있고 하지 않을 수도 있습니다. 정해진 예산 안에서 최대한 클릭하도록 해야 합니다. 입찰가 부분에서 설명한 것과 같이 1순위 노출은 클릭당 광고비가 노출 순위 3위보다 높습니다. 결국 광고비를 더욱 빠르게 소진하게 됩니다. 예를 들어 하루 예산이 50,000원인데, 클릭당 3,000원에 광고비를 지불하게 할 것인지, 클릭당 1,000원에 광고비를 지불할 것인지에 따라 하루에 노출되는 광고 횟수와 구매 횟수가 달라질 것입니다. 이는 판매자에게 가장 중요한 업무입니다. 어떤 키워드를, 어떤 입찰가로, 어떤 순위로 광고(제목, 소재, 확장 소재)가 노출되게 할 것인지 고민한 후에 그 결과를 바탕으로 광고 대행사에 등록을 요청합니다.

광고 시스템
등록 방법

이번에는 키워드와 소재를 등록하는 방법을 알아보겠습니다. 등록할 키워드를 키워드 도구와 데이터를 통해 추출하고 키워드에 따른 소재를 네이버에 노출하는 작업입니다. 이때는 네이버 광고 시스템을 활용합니다. 키워드와 소재는 직접 등록할 수 있지만, 보통 네이버 광고 대행사에 요청합니다. 광고 시스템은 생소하고 복잡해 보이기 때문에 등록하는 일은 굳이 몰라도 됩니다. 광고 대행사에서 등록한 후 등록된 화면을 보여 주기 때문입니다.

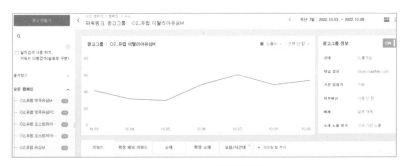

네이버 광고 시스템 화면의 예

키워드와 키워드에 노출될 소재를 정리한 후 네이버 광고 대행사에 등록을 요청합니다. 광고 대행사는 위 그림처럼 캠페인과 광고 그룹을 설정한 후 키워드를 등록합니다. 그리고 키워드에 노출될 소재(광고)도 등록해 보여 줍니다. 캠페인과 광고 그룹은 몰라도 됩니다. 광고 대행사가 만들어 준 화면을 보면 더 빠르고 쉽게 이해할 수 있습니다. 처음에는 캠페인, 광고 그룹, 키워드, 소재를 대행사를 통해 확인하고 이해합니다. 그래야만 광고가 어떻게 노출되는지, 광고 상품이 늘어나거나 캠페인과 광고 그룹이 확장, 등록되는지를 점차 이해할 수 있게 됩니다.

네이버 광고를 대행사에 맡겨야 하는 이유

판매자의 회사 규모가 커지고 상품이 다양해지면 소재와 키워드 관리가 복잡해지기 시작합니다. 이를 관리하고 세분화하며 어떤 키워드와 어떤 소재를 분리해 노출할 것인지를 관리하는 것은 광고 담당자가 해야 할 일이고 광고 시스템 캠페인, 광고 그룹 설정, 키워드 입력은 광고 대행사가 할 일입니다. 따라서 네이버 광고를 시작할 때는 네이버 광고 대행사에 광고 등록 업무를 꼭 맡겨야 합니다. 그렇게 하지 않으면 등록 업무량이 많아지고 반복되는 광고 등록 업무로 중요한 업무를 하지 못할 수 있습니다. 광고 시스템을 등록하는 업무는 광고 대행사에 요청하고 광고주는 어떤 키워드, 어떤 소재로 노출되는 게 좋은지를 고민하고 지정하는 것이 효율적입니다.

광고 대행사의 기본 업무는 '광고 등록 대행'입니다. 광고 수익률을 광고 대행사가 책임질 수는 없기 때문입니다. 키워드에 따른 소재 노출을 광고 대행사에 맡기는 것과 광고주가 직접하는 것은 광고 수익률(ROAS)에 엄청난 차이를 초래합니다. 이를 혼동하면 네이버 광고는 등록하는 일이라고 착각할 수 있습니다.

주요 키워드와 소재 노출 이후
꼭 해야 할 일

처음으로 네이버에 광고를 할 때는 검색량이 많았던 주요 키워드를 등록하기 마련입니다. 소재 역시 주요 키워드에 매칭해 노출합니다. 노출도 잘되고 클릭도 잘돼서 실제 매출에도 효과가 있을 것입니다. 그런데 1가지 단점이 있습니다. 그것은 바로 '키워드 입찰가'입니다. 주요 키워드이다 보니 경쟁사에서도 같은 키워드로 광고를 하고 입찰가의 순위가 1위가 아니고 3~5위 사이에 노출돼도 입찰가가 높은 경우가 있습니다. 결국 하루 예산 광고비를 빠르게 소진하게 되고 예산 부족 때문에 하루를 채우지 못하고 광고가 자동으로 오프(OFF)됩니다. 따라서 입찰가가 낮고 구매 가능성이 있는 키워드를 찾은 후 추가로 등록해야 합니다.

멕시코유심은 입찰가가 높은 대신, 멕시코의 수도인 멕시코시티유심과 칸쿤유심은 입찰가가 낮습니다. 경쟁사에서 멕시코유심과 칸쿤유심을 키워드로 사용하지 않기 때문에 경쟁도 약하고 입찰가도 낮습니다. 이를 '세부 키워드'라고도 하는데, 세부 키워드를 통해 구매자의 검색 의도와 일치하는 텍스트(글자)를 보여 주면 구매 확률이 높아집니다. 낮은 입찰가에서 구매가 일어나면 어떻게 될까요?

• 주요 키워드 대비 높은 광고 수익률이 발생합니다.
• 정해진 하루 예산을 더 오래 사용하게 돼 광고를 더 오랫동안 할 수 있

게 됩니다.

- 광고를 더 할 수 있게 되므로 매출이 더 발생할 수 있습니다.

주요 키워드 이외에도 키워드를 다양하게 찾아야 합니다. 고객이 어떤 키워드로 상품을 구매할 것인지 알 수 없기 때문입니다. 광고비가 무한정이라면 메인 키워드에 입찰가를 높게 써서 고객을 계속 유입할 수 있지만, 판매자 회사의 광고비는 제한돼 있습니다. 만약, 하루 예산 광고비가 50,000원이라면 50,000원이라는 광고 비용 안에서 세팅된 키워드들이 하루에 최대한 많이 노출되도록 해야 합니다. 그래야만 많은 사람이 구매할 확률이 높아집니다.

또한 키워드에 맞는 소재를 발굴해 클릭률을 높여야 합니다. 3번째로 노출된 멕시코유심의 소재가 클릭되도록 하기 위해서는 다양한 키워드를 등록해야 합니다. 멕시코유심, 멕시코시티유심, 칸쿤유심 등과 같은 키워드를 다양하게 등록할 수 있습니다. 그리고 업체마다 키워드가 다르기 때문에 키워드마다 입찰가도 다르고, 순위가 다르게 노출되는 것을 확인할 수 있습니다. 독자들도 자사 상품의 키워드를 세팅했다면 키워드마다 입찰가를 변경하면서 노출 순위를 확인해 보기 바랍니다.

이 밖에 키워드와 소재가 어느 정도 일치하는지도 확인해야 합니다. 경쟁사의 소재가 검색어에 적합하게 노출됐는지, 판매자의 소재는 검색어에 충실했는지를 확인해 봐야 합니다. 고객이 어떤 정보를 찾기 위해 해당 키워드를 검색했는지 상상해 보기 바랍니다.

네이버 광고 시스템에서 소재 다음으로 중요하고 끊임없이 계속해야 할 일이 바로 노출률과 클릭률을 올리는 것입니다. 이를 위해서는 주간 단위로 광고 시스템에서 노출 수와 클릭 수를 비교하고 상품이 판매될 수 있는 키워드를 계속 연구하고 추가해야 합니다. 광고 대행사를 통해 세팅된 것으로 끝나는 것이 아니라 계속 키워드를 찾고 등록해야 합니다. 그렇게 하면 새로 찾은 키워드를 통해 낮은 가격으로 입찰가를 등록해 알맞은 소재를 노출한 후 소재를 클릭한 고객을 통해 매출을 올릴 수 있습니다. 이렇게 하면 정해진 예산에서 광고 수익률을 극대화할 수 있습니다.

키워드를
추가하는 방법

키워드를 추가하는 방법은 앞서 설명한 네이버 광고 시스템의 키워드 도구에서 찾을 수 있습니다. 다음 그림에서 [키워드 도구]를 클릭합니다.

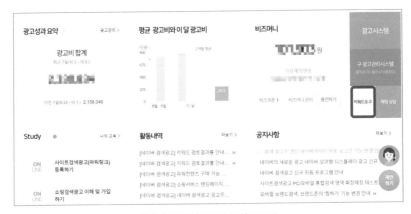

네이버 광고 시스템의 키워드 도구

멕시코유심과 비슷한 미국유심의 경우, 다음 그림과 같은 관련 키워드를 찾을 수 있습니다.

매출 올리는
네이버 스마트스토어
광고 활용법

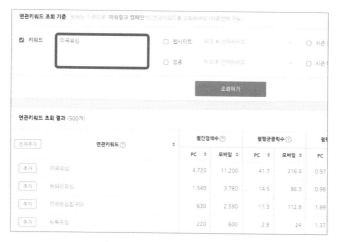

<table>
<tr><td colspan="2">연관키워드 조회 기준</td><td colspan="6"></td></tr>
</table>

연관키워드 조회 결과 (500개)		월간검색수 ⑦		월평균클릭수 ⑦		월
연관키워드 ⑦		PC ⟡	모바일 ⟡	PC ⟡	모바일 ⟡	PC
미국유심		4,720	11,200	41.7	216.4	0.97
하와이유심		1,540	3,780	14.5	86.3	0.98
미국유심집구매		630	2,590	11.3	112.8	1.99
뉴욕유심		220	600	2.8	24	1.37

키워드 도구에서 연관 키워드 조회

이렇게 찾을 수 있는 추가 키워드들의 성격이 주요 키워드와 같다면 기존 광고 그룹에 등록하고, 전혀 다른 소재로 노출해야 한다면 광고 그룹을 새로 구성하고 소재를 새로 노출해야 합니다. 어떤 키워드를 사용해야 어떤 소재가 노출될 것인지에 대한 고민은 광고주 또는 광고 담당자가 직접해야 합니다.

키워드와 상품이 정해졌다면 광고 대행사에 새로운 광고 그룹과 키워드, 소재를 등록해 달라고 요청해야 합니다. 그래야만 일주일 단위로 키워드별, 광고 그룹별, 소재별, 판매량을 네이버 광고 시스템에서 확인할 수 있습니다. 어제 판매된 매출액을 확인한 후 광고 그룹과 어떤 키워드에서 구매가 일어났고 왜 구매가 일어나지 않았는지를 고민해야 입찰가와 소재를 변경할 수 있습니다. 이렇게 고민하는 작업을 반복해야 광고 수익률을 계속 개선할 수 있습니다. 예를 들어 광고 시스템에 등록된 키워드가 계속 클릭됐는데, 구매가 일어나지 않을 때가 있습니다. 그 원인은 연결된 페이지에서 판매 상품이 품절됐거나 상품의 가격이 경쟁사 대비 너무 비싼 것에서 찾을 수 있습니다.

구매로 이어지는
연결 페이지의 중요성

광고 수익률을 개선하기 위해 파워링크 광고에서 놓치면 안 되는 또 1
가지는 '연결 페이지'입니다. 고객이 미국유심을 검색한 후 해당 키워드에
노출된 소재를 클릭했다면 클릭한 연결 페이지는 미국유심을 구매할 수
있는 구매 페이지로 연결돼야 합니다. 키워드가 미국유심이었기 때문입니
다. 간혹 자사몰 메인 페이지로 연결돼 고객이 미국유심을 찾아야 구매할
수 있는 경로가 발생할 때가 있습니다. 이렇게 되면 고객이 찾다가 귀찮아
서 이탈할 수 있기 때문에 반드시 해당 검색어, 해당 소재, 해당 상품이 연
결돼 구매할 수 있게 설계해야 합니다. 앞서 설명한 대로 상세 페이지에 다
음과 같은 내용이 등록돼 있으면 구매에 영향을 미칠 수 있습니다.

- 리뷰 이벤트 등록
- 스토어찜 등록
- 소식 알림 쿠폰 등록
- 리뷰에 대한 판매자의 댓글

이와 함께 광고 대행사에 지표를 요청합니다. 지표는 '보고서'입니다.
광고 대행사와 업무를 함께하면 일반적으로 주간 단위 또는 월간 단위로
키워드마다 클릭률과 매출 보고서를 엑셀 파일로 보내 줍니다. 이는 매우

형식적인 일입니다. 이러한 보고서를 광고 대행사가 주는 대로 받지 말고 내가 필요한 양식과 데이터를 바탕으로 보고서를 요청해야 합니다.

　예를 들어 광고 대행사가 키워드 중심으로 보고서를 보내 왔는데 나에게는 광고 그룹과 소재에 대한 클릭률이 중요하다면 내가 원하는 형태로 요청해야 합니다. 그래야만 지난 기록의 문제점을 확인하고 보완점을 찾을 수 있습니다. 또한 지난달의 결과 보고서인 만큼 전월 데이터와 전전월을 비교할 수 있는 세부 데이터를 광고 대행사에 요청하면 어느 부분에서 전전월 대비 전월 광고가 효율적이었는지도 자세하게 확인할 수 있습니다.

파워링크 광고
실전 준비와 시작

파워링크 광고를 하기 위해서는 다음과 같은 사항에 유의해야 합니다.

- 네이버에 기본적으로 검색되는 검색어(키워드)를 작성합니다.
- 검색어(키워드)를 검색할 때 노출되는 상품의 소재를 작성합니다.
- 노출될 소재와 키워드끼리 분류합니다.
- 분류한 키워드와 소재를 광고 대행사에 등록 요청합니다.
- 이미지와 확장 소재도 추가로 등록하면 좋습니다.

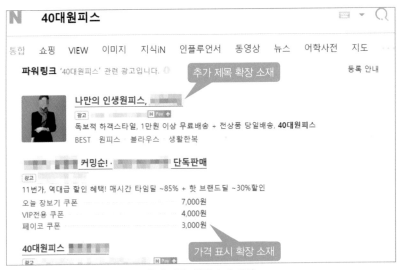

추가 제목, 확장 소재 예시

확장 소재는 상품의 가격을 표시하기도 하지만, 소재를 돋보이게도 합니다. 광고 대행사에 요청하면 소재와 마찬가지로 등록할 수 있습니다. 판매자가 요청한 파워링크 광고를 광고 대행사가 수행하는 업무는 다음과 같습니다.

- 키워드, 소재, 확장 소재를 등록하기 위해 캠페인과 광고 그룹을 설정합니다.
- 캠페인과 광고 그룹을 설정한 후 소재가 노출될 키워드별 입찰가를 어떻게 정할 것인지 논의합니다.
- 처음에는 PC와 모바일에서 3위 정도에 노출되도록 입찰가를 정합니다.
- 광고 대행사가 설정한 캠페인과 광고 그룹 속의 키워드 입찰가를 조정해 등록된 소재와 확장 소재가 노출되는 위치를 확인합니다(키워드 입찰가 변경에 관련된 사항은 10장 참고).
- 경쟁사에서 노출되는 소재와 확장 소재 등을 확인한 후 판매자의 광고와 비교해 더 좋은 소재를 발굴하고 노출합니다.

현재 시점에서 파워링크에 사용되는 입찰가를 확인하고 입찰가가 너무 높으면 입찰가를 낮춥니다. 그리고 노출되는 소재와 광고에 사용되는 이미지가 클릭될 수 있게 노력합니다. 이렇게 하는 이유는 광고비 예산 때문입니다. 입찰 순위가 너무 높으면 하루 광고비가 빠르게 소진됩니다.

- 하루 예산 광고비를 캠페인과 광고 그룹에 분배해 봅니다.
- 파워링크 광고를 실행합니다.

대부분 하루 광고비가 예산으로 집행돼 있기 때문에 광고가 노출되는 시간대를 설정할 수도 있습니다. 일반적으로 인터넷 검색량이 활발한 시간은 오전 9시에서 오후 18시이기 때문에 이 시간에만 광고를 노출해도 되고 아이템에 따라 광고 노출 시간을 다르게 설정할 수 있으며 예산 범위 안에서 하루 종일 광고가 온(ON)되게 할 수도 있습니다. 이러한 내용은 광고 대행사를 통해 안내받을 수 있습니다. 광고가 실행된 다음 날에는 사용한 예산을 통해 얼마를 사용했고 언제 광고가 오프(OFF)됐는지도 네이버 광고 시스템의 [도구] - [이력 관리]에서 확인할 수 있습니다.

키워드 도구에서 이력 관리

이 밖에 키워드에 따라 상품이 구매된 키워드와 구매하지 않은 키워드를 확인해 왜 구매가 일어나지 않았는지를 경쟁사에서 노출하는 소재와 비교하면서 고민해야 합니다. 그리고 키워드와 소재를 점검하고 다시 광고가 온(ON)되게 하면 됩니다. 네이버 광고 관리 시스템에서 등록된 광고를 직접 온(ON)·오프(OFF)할 수도 있습니다. 여기까지가 일반적인 파워링크 광고를 하는 방법입니다(좀 더 자세한 내용은 9장 참고).

네이버쇼핑 광고
실전 사용 방법

키워드 등록이 없는
네이버쇼핑

    네이버쇼핑이 파워링크와 다른 점은 키워드 등록이 없다는 것입니다. 파워링크 광고에는 키워드를 등록하고 키워드에 따라 노출되는 소재를 등록할 수 있지만, 네이버쇼핑에서는 노출될 상품명이 키워드라고 이해하면 됩니다. 캠페인과 광고 그룹, 소재 노출은 서로 비슷합니다. 파워링크보다 확장 소재 등록이 적어 광고나 실제로 노출되는 텍스트 영역이 작습니다. 그런데도 실제 운영 과정에서 파워링크보다 네이버쇼핑의 광고 수익률이 대부분 더 좋습니다.

    네이버쇼핑 플랫폼이 직관적으로 상품의 이미지도 잘 보이고 가격도 한 번에 표시돼 클릭률과 함께 구매 전환율이 높게 나온 것으로 이해됩니다. 네이버쇼핑도 파워링크처럼 캠페인과 광고 그룹이 있습니다. 이와 마찬가지로 세팅도 광고 대행사에 요청하면 됩니다. 이는 광고 시스템에서 소재의 등록이 완료되면 확인되는데, 파워링크 광고보다 심플하기 때문에 관리하기가 더 쉽습니다.

입찰가

네이버쇼핑 광고 역시 파워링크처럼 클릭과 동시에 과금되는 광고 시스템입니다. 파워링크와 동일하게 노출된 소재를 보고 한 번 클릭하면 입찰가를 지정한 금액이 한 번 과금됩니다. 상품을 검색한 사람이 해당 상품의 구매와 상관없이 클릭만으로 광고비를 사용하는 시스템입니다. 네이버쇼핑 역시 광고비로 사용되는 입찰가를 업체마다 서로 알 수 없기 때문에 업체마다 입찰가를 각각 지정하면 입찰가 순위로 광고가 노출됩니다.

파워링크처럼 클릭당 과금되는 금액도 다릅니다. 입찰가로 지정한 금액이 아니라 노출 순위 바로 다음의 입찰가+10원이 클릭 금액으로 과금됩니다. 예를 들어 노출 순위 1위 업체가 입찰가를 3,000원으로 지정하면 1위로 노출되고, 2위로 입찰가를 지정한 업체의 입찰가가 2,000원이라면 노출 순위 1위 업체의 클릭당 과금 비용은 3,000원이 아니라 2위 입찰가에 +10원을 더한 2,010원이 됩니다. 실제로 광고 시스템에서 입찰가가 과금되는 금액을 살펴보면 입찰한 가격이 과금되지 않고 그보다 낮은 금액이 과금되는 것을 확인할 수 있습니다.

다음은 네이버쇼핑의 광고 그룹에 등록된 소재로, 현재 입찰가는 1,500원으로 확인되는데, 클릭 수는 99번입니다. 1,500×99로 계산하면 14만 8,500원을 예상할 수 있는데, 실제 과금된 비용은 13만 3,078원입니다. 입찰가는 1,500원을 지정했지만, 실제로는 클릭당 133,078원÷99번 클릭 = 1,344원이 과금된 것을 알 수 있습니다. 참고로 네이버쇼핑도 파워링크에 광고에 설명했던 품질 지수가 동일하게 적용됩니다.

소재 ⑦	현재 입찰가(VAT미포함) ⑦ ⇅	총비용(VAT포함,원) ⑦ ▾	전환매출액(원) ⇅	클릭수 ⑦ ⇅
소재 1개 결과		133,078원	1,233,800원	99
미국하와이유심 뉴욕 LA 시카고 시애틀 보스턴 ☑ · PC : 11,000원 / 모바일 : 11,000원 / 3000원 · 여가/생활편의 > 해외여행 > 와이파이/USIM · 쇼핑상품 ID: 12465764482 / 물상품 ID: 466646476 [소재미리보기] [상세보기]	1,500원	133,078원	1,233,800원	99

네이버쇼핑 입찰가 계산의 예

파워링크와 다른
노출 영역

네이버쇼핑은 광고의 노출 영역이 파워링크와 다릅니다. 네이버 메인 페이지 검색에서 보통 1위와 2위가 노출되는 것을 확인할 수 있습니다. 그리고 광고를 하지 않아도 스마트스토어 상품이 광고처럼 노출된 것을 알 수 있습니다.

네이버쇼핑 광고 노출의 예

네이버쇼핑도
소재가 중요

네이버쇼핑도 소재가 매우 중요합니다. 그런데 네이버쇼핑에는 키워드 세팅이 없기 때문에 상품명으로 등록해 노출되는 글자(텍스트)의 소재 부분을 키워드로 지정해야 합니다. 네이버쇼핑의 경우, 키워드를 따로 설정할 필요가 없고 검색되는 상품의 상품명 텍스트(글자)를 키워드에 검색되도록 작성하면 됩니다. 다음 상품을 살펴보겠습니다. 소재 제목의 문장들이 조금 어색한 이유는 키워드를 최대한 소재로 노출했기 때문입니다.

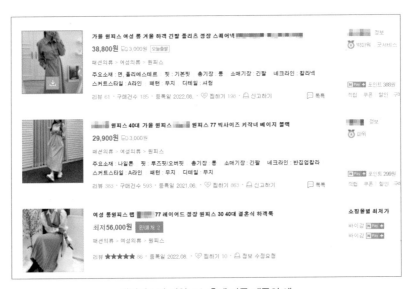

네이버쇼핑 키워드 노출에 따른 제목의 예

네이버쇼핑 역시 키워드는 파워링크처럼 네이버 데이터 랩, 연관 검색어, 키워드 도구를 통해 확인할 수 있습니다. 파워링크 광고처럼 검색어가 높은 순위대로 해당 상품이 준비돼 있다면 키워드 노출 순위를 바탕으로 상품명을 등록하면 됩니다. 예를 들어 네이버쇼핑에서 판매될 상품의 상품명(소재)을 광고로 등록할 때는 키워드 조회수가 높은 글자를 앞쪽에 배치합니다.

태국유심을 등록한다고 가정했을 때, 푸켓유심의 조회수가 300회, 방콕유심의 조회수가 500회, 태국유심의 조회수가 900회인 경우, 스마트스토어에 등록할 상품명은 태국유심, 방콕유심, 푸켓유심 등 조회수가 높은 순으로 상품명을 등록하면 됩니다. 네이버쇼핑 광고는 PC와 모바일에서 모두 노출되는 글자에 제한이 있기 때문에 많은 사람이 검색하는 키워드를 상품명의 앞쪽에 배치함으로써 많은 사람이 광고를 보고 클릭하게 됩니다. 이때 유심은 중복 단어이기 때문에 한 번만 노출하는 것이 좋습니다.

정리하면, 소재의 중요성은 파워링크와 동일한데, 파워링크와는 느낌이 다릅니다. 파워링크는 검색어와 일치하는 소재를 노출하는 것이 중요한 부분이었지만, 네이버쇼핑은 키워드 등록이 없기 때문에 소재에서 주요 키워드들이 노출되는 것을 알 수 있습니다. 이것이 파워링크와 근본적으로는 다른 광고 방법입니다. 신상품을 새로 등록하거나 스마트스토어 상품을 나중에 광고 없이 등록하기 위해서는 주요 키워드(검색이 많은 키워드)의 광고를 상품명으로 등록해 노출하는 것이 좋습니다.

네이버쇼핑 광고의 목표는
고객 리뷰를 만드는 것

파워링크 광고에서는 연결 페이지를 자사몰 또는 스마트스토어로 나누는 경우를 설명했습니다. 네이버쇼핑 역시 상품을 자사몰 또는 스마트스토어로 연결할 수 있습니다. 하지만 네이버쇼핑의 경우는 다릅니다. 네이버쇼핑 광고의 경우에는 구매자가 광고를 클릭했을 때 스마트스토어 판매 페이지로 연결되도록 광고를 노출합니다. 그 이유는 네이버쇼핑 영역에서 광고 없이 1페이지에 노출하기 위해서입니다.

앞에서 네이버쇼핑의 광고 수익률이 파워링크보다 높다고 설명한 이유는 '상품의 직관적인 노출' 때문입니다. 고객이 별도의 회원 가입 없이 네이버 로그인 정보 그대로 쉽게 구매할 수 있는 영역이다 보니 1페이지에 상품이 노출되면 판매 업체에서 매출을 안정적으로 유지할 수 있습니다. 또한 판매량 증가로 인기도 점수가 충족된다면 광고 없이 1페이지에 스마트스토어 상품이 노출돼 매출에 도움이 됩니다.

그럼 판매량을 증가시키기 위해서는 어떻게 해야 할까요? 그것은 바로 네이버쇼핑 광고를 이용하는 것입니다. 그뿐 아니라 광고를 통해 구매가 일어나고 상품 후기가 등록돼야 합니다. 구매와 후기 클릭, 찜 수 등을 계속 획득하면 인기도 점수가 인정돼 네이버쇼핑에 광고 없이 1페이지에 노출되는 성과를 거둘 수 있습니다. 즉, 네이버쇼핑 광고는 구매와 고객 후기를 만드는 데 꼭 필요합니다. 네이버쇼핑 광고를 할 때 구매자가 상품 구매 시 상품 리뷰를 남기면 포인트를 지급하는 등과 같은 이벤트를 실시하는 것이 좋습니다. 리뷰 이벤트를 실시하거나 택배 안에 리뷰 요청 전단 홍보물을 함께 배송하는 것도 좋은 방법입니다. 전단 홍보물을 만들 때도 형식적으로 보낼 것이 아니라 어떻게 하면 고객이 리뷰를 남기게 할 수 있을지를 고민해서 제작하는 것이 좋습니다.

네이버쇼핑은 키워드를 추가하지 않고 제외

파워링크 광고에서 주요 키워드와 함께 노출이 적은 키워드도 추가해 등록할 것을 권장했습니다. 네이버쇼핑은 파워링크와 달리, 키워드를 등록하는 부분이 없습니다. 따라서 상품명과 연관된 키워드로 네이버쇼핑의 광고 상품이 노출됩니다. 간혹 상품명과 연관이 없거나 연관이 적은 키워드로 상품이 노출되는 것을 확인할 수 있습니다. 이는 [제외 키워드] 메뉴를 통해 확인할 수 있습니다. 네이버 광고 시스템에서 [제외 키워드] 메뉴를 클릭하면 판매자가 원하지 않는 키워드에 상품이 노출된 것을 확인할 수 있고 키워드 제외 기능을 활용해 원하지 않은 키워드에 상품이 노출되지 않게 할 수도 있습니다. 이를 통해 상품명과 연관된 해당 키워드에만 노출되도록 할 수 있고 연관성 없는 키워드에 광고가 노출되도록 하지 않음으로써 품질 지수를 올릴 수도 있습니다.

	소재	확장 소재	제외 키워드	요일/시간대 ×	+ 타겟팅 탭 추가		
+ 제외 키워드 추가	삭제	광고 노출을 제한하고 싶은 키워드가 있다면 제외 키워드에 추가하시기 바랍니다.					
☐	키워드					⇕	**등록시각**
☐	EE유심						2022.05.22. 07:54
☐	ESIM						2022.05.22. 07:54
☐	PS기프트카드						2022.07.06. 10:00
☐	PS스토어카드						2022.07.06. 10:00

제외 키워드의 예

네이버쇼핑
소재 등록의 예

특정 상품을 예로 들어 상품명을 만들어 보겠습니다. 브랜드가 없는 일반적인 상품으로 여권 지갑, 여권 케이스, 여권 파우치 상품으로 검색되는 상품을 판매한다고 가정해 보겠습니다. 네이버에서 검색하면 연관 키워드가 네이버에 노출됩니다. 광고하고자 하는 상품과 연관성 있는 상품을 보여 주는 것입니다. 참고로 연관 키워드가 검색어로 제공되는 키워드가 있는 경우도 있고 없는 경우도 있습니다.

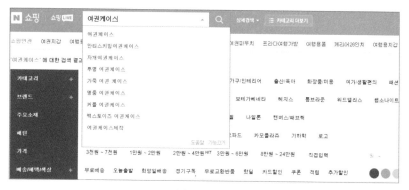

연관 키워드의 예

각각의 키워드 검색량을 키워드 도구에서 모두 확인합니다. 키워드 도구에서 실제로 여권 지갑과 여권 케이스 등의 검색량을 확인해 봤습니다. 월간 검색 수에서 여권 지갑과 여권 케이스라는 키워드가 많은 편입니다.

'커플', '여권 파우치' 등은 검색어가 적어 보입니다. 검색 수가 적은 키워드가 아닌 검색 수가 더 많은 키워드를 상품명에 등록하면 됩니다.

상품명에는 글자 수의 제한이 있기 때문에 키워드별 검색량이 많은 키워드를 상품명으로 작성해 노출되도록 하는 것이 좋습니다. 네이버쇼핑에 사용될 광고도 키워드 검색량이 많은 키워드를 상품명으로 등록해 주면 됩니다. 또한 스마트스토어의 상품명 그대로 광고 상품명으로 사용해도 됩니다. 글자 수 제한만 잘 적용하면 됩니다.

- 상품명의 예: 여권 케이스, 지갑, 커버

연관키워드 조회 결과 (689개)		월간검색수 ⑦		월평균클릭수 ⑦		월평균클릭률 ⑦	
연관키워드 ⑦		PC ⇕	모바일 ⇕	PC ⇕	모바일 ⇕	PC ⇕	모바일 ⇕
추가	여권지갑	1,540	6,750	2.9	29.8	0.20 %	0.47 %
추가	여권케이스	3,780	13,500	5.1	75.9	0.14 %	0.60 %
추가	여권커버	340	1,370	1.5	10	0.44 %	0.78 %
추가	여권파우치	180	990	0.5	6.8	0.31 %	0.74 %
추가	여권커플지갑	< 10	< 10	0	0	0.00 %	0.00 %

여권 지갑 연관 키워드 조회수

네이버 데이터 랩에서 인사이트 메뉴를 이용해 검색어 순위를 확인하면 키워드로 노출할 소재를 더욱 정교하게 세팅할 수 있습니다. 참고로 소재명에 가격과 배송 정보는 등록하지 않습니다. 스마트스토어의 속성과 태그도 관련 상품 내용으로 등록하면 페이지의 연관도가 올라갑니다.

상품 판매가 준비됐다면 해당 상품의 키워드 중 노출 순위가 높은 키워드를 스마트스토어 상품명 순으로 등록하는 것이 좋습니다. 광고로 사용할 소재(제목) 역시 같은 상품명으로 등록해도 무방합니다. 이제 입찰가에 따른 노출 순위를 확인하고 광고를 실행하기 시작합니다. 광고 실행은 키워드와 소재를 지정한 후 광고 대행사에 등록을 요청하면 됩니다.

현업에서의 실전 업무 경험과 노하우는 다음과 같습니다. 앞에서도 설명했지만, 스마트스토어의 상품을 광고하는 이유는 네이버쇼핑에서 새로 등록한 스마트스토어 상품을 광고 없이 1페이지에 노출하기 위해서입니다. 즉, 광고비를 지출하지 않고도 구매자가 검색하는 검색어가 네이버쇼핑 1페이지에 노출돼 상품을 많이 판매하는 것입니다. 이를 위해서는 우선 내가 등록한 상품이 고객에게 일정 부분 노출되고 판매되며 후기가 남아야 합니다.

네이버 광고 시스템에 광고가 등록되고 상품이 노출되면 판매가 시작됩니다. 판매자는 한정된 예산으로 광고할 것입니다. 한정된 예산에서 광고 상품을 구매자가 최대한 많이 클릭하고 구매하도록 해야 합니다. PC와 모바일 모두 검색된 화면에서 첫 번째보다 두 번째 또는 세 번째로 노출되게 함으로써 1페이지에 노출되면서 클릭당 광고비를 줄여야 합니다.

그래야만 한정된 예산으로 구매자가 더 많이 클릭하게 할 수 있습니다. 따라서 네이버쇼핑 광고를 시작할 때는 경쟁사의 노출 순위를 확인한 후 내 광고의 입찰가를 수시로 조정해 PC와 모바일에서 두 번째 또는 세 번째에 노출되도록 해야 합니다.

경쟁 업체마다 예산 광고비가 정해져 있고 광고 시간대를 다르게 설정하기 때문에 광고 상품들을 볼 때마다 광고 순위가 변경되는 것을 알 수 있습니다. 또한 상품명을 등록할 때는 구매 가능성이 높은 키워드를 사용해 구매자가 구매할 수 있도록 해야 합니다. 그래야만 제목과 설명만 보고도 클릭하게 됩니다. 광고로 노출되는 제목과 설명을 명확하게 설정하면 불필요하게 클릭만 하는 고객이 유입되지 않게 할 수 있습니다.

구매자가 노출된 광고를 통해 구매한 경우에는 반드시 리뷰를 남기도록 해야 합니다. 앞서 설명한 리뷰 이벤트 노출과 문자 연락 등을 통해 스마트스토어에 반드시 리뷰를 남기게 합니다. 그 리뷰를 다른 구매자 살펴보면서 또 다른 상품을 구매하게 될 것이기 때문입니다.

인플루언서에게 광고하는 상품을 소개하도록 하고 현재 광고로 등록된 스마트스토어 상품이 인플루언서의 블로그 또는 포스트에 등록되도록 하는 것도 좋은 방법입니다. 네이버에서 검색어를 검색한 고객은 네이버쇼핑을 통해서도 구매하고 상품을 친절하게 소개한 인플루언서의 블로그에서도 구매합니다.

구매자는 내가 필요한 상품에 대한 정확한 정보를 세심하게 알려 주고 블로그에서 친절하게 바로 구매할 수 있는 링크가 노출된 곳에서 바로 구매하는 경우가 많습니다. 물론 인플루언서를 통해 블로그를 노출하고 싶다면 원고비를 광고비처럼 사용하면 됩니다.

네이버쇼핑 광고를 통한 구매와 인플루언서 블로그에서 판매되는 구매 수가 합산되고 이 고객들의 구매를 다시 리뷰로 남기면 앞서 설명한 네이버쇼핑 랭킹 순위를 결정하는 인기도에서 판매 실적과 리뷰 수가 종합 합산 점수로 적용돼 네이버쇼핑에 노출되지도 않던 상품이 판매가 늘기 시작하고 검색된 화면에서 보이기 시작합니다. 그리고 구매 수가 늘어날수록 1페이지 쪽으로 순위가 상승해 노출되기 시작합니다.

이즈음 모바일 기준으로 검색어가 검색된 화면의 2페이지 정도에 상품이 노출되기 시작했다면 경쟁사 대비 상품의 경쟁과 가격을 확인해 상세 페이지에서 차별점을 강조하고, 차별점이 없다면 상품의 가격을 낮추거나 고객 이벤트를 진행하거나 광고비를 추가로 집행해 1페이지의 순위가 상승되도록 노출해야 합니다.

필자가 현업에서 상품 가격을 노출했던 경험을 바탕으로 설명하면, 판매하는 상품 가격을 처음에는 낮게 설정함으로써 판매 수를 늘려야 합니다. 판매가 늘어나기 시작해 검색어에 따른 1페이지에 노출이 완료됐다면 상품 가격을 원래 판매하려던 가격으로 판매하는 것이 일반적인 방법입니다.

판매 상품이 1페이지에 노출되기 시작하면 사람들은 1페이지에서 상품을 구매하는 경향이 강합니다. 여러 곳을 검색하면서 상품을 구매하는 시간도 절약하고 처음으로 유입되는 페이지이기 때문입니다. 또한 가격이 타 사이트보다 다소 높더라도 그동안 쌓아온 리뷰와 상세 페이지에서의 이벤트의 영향으로 구매할 가능성이 높습니다.

한 가지 예를 들면, 유럽 여행을 가는 구매자가 리뷰가 적고, 좋지 않은 판매자에게서 상품을 1,000원 저렴하게 사는 것보다 리뷰가 많고 좋은 판매자에게서 1,000원 더 높게 사더라도 유럽 여행에만 문제가 없으면 그 상품을 구매할 것입니다.

이러한 노력이 바탕이 돼 신상품으로 등록한 상품이 1페이지에 노출되기 시작하고 그동안 쌓였던 고객의 리뷰가 새로 구매할 고객에게 영향을 미치면 1페이지에 노출된 것만으로도 판매가 급속도로 늘어납니다. 스마트스토어가 1페이지에 노출되면 상품도 다양하게 늘려 구매 수를 높여야 합니다. 검색어에 따라 1페이지에 노출됐기 때문에 다양한 상품을 판매할 수 있게 되고 재고 부담도 줄어듭니다. 여기까지 완료하면 광고 없이 1페이지에 노출되는 목표도 달성되고 매출도 늘어납니다.

네이버쇼핑에서 광고하는 상품과 광고하지 않는 상품의 순위

광고하던 상품이 광고 없이
1페이지에 노출됐을 때

    상품이 광고를 통해 판매되기 시작하고 고객이 구매 후기를 남기고 구매 후기를 본 다른 고객이 추가 구매를 하고 구매와 고객 후기로 인기도가 상승돼 광고 없이 본래의 스마트스토어 상품명이 상위 노출되면 광고를 제대로 활용한 것입니다. 스마트스토어의 본래 상품이 1페이지에 노출된 다음에는 어떤 전략을 사용해야 할까요?

    본래의 스마트스토어 상품이 1페이지에 광고 없이 상위 노출된 후에는 1위로 노출된 상품이 놓치고 있는 키워드를 찾아 판매량을 보완해야 합니다. 여권 지갑과 여권 키워드를 메인 상품명으로 등록해 주요 키워드로 스마트스토어에 등록된 상품이 네이버쇼핑 1페이지에 노출됐다면 광고로 사용되는 소재에는 노출이 적었던 투명 케이스와 커플 지갑 등을 이용한 상품명을 등록하는 것입니다.

- 스마트스토어 1페이지에 노출된 본래 상품명: 여권 지갑, 케이스 등
- 스마트스토어 1페이지에 노출된 광고 상품명: 여권 투명 케이스, 커플 지갑 등

    본래 스마트스토어 상품에서는 키워드 검색량이 많은 키워드로 판매를 원래대로 진행하고 새로 시작할 광고에서는 본래 스마트스토어 상품명에

서 노출되지 않은 키워드를 노출함으로써 판매량을 2중으로 높일 수 있습니다. 이렇게 구매 순위를 높이면 1페이지 노출을 경쟁사 대비 계속 유지할 수 있습니다. 이렇게 스마트스토어 상품명의 검색어 순위에 따라 광고 소재 전략을 사용할 수 있고 구매되지 않은 키워드는 제외 키워드로 설정하면서 네이버 광고 시스템을 사용해야 합니다. 네이버쇼핑 또한 시간대 설정도 있고 파워링크와 마찬가지로 입찰가 설정도 있습니다. 클릭률, 매출 등과 같은 보고서 방식 또한 파워링크 광고와 비슷한 내용으로 광고 대행사에 요청할 수 있습니다.

주요 키워드는 스마트스토어 상품을
노출하고 세부 키워드는 광고에 활용하는 예

광고하던 스마트스토어 상품이 1위로 노출됐을 때는 광고를 어떻게 연장하면 좋을지를 다른 상품을 이용해 한 번 더 확인하고 적용해 보겠습니다. 다음은 '신비복숭아'라는 키워드로 검색했을 때 1페이지에 노출되는 상품의 상품명입니다.

신비복숭아 검색

광고 노출 상품 다음으로 1페이지에 노출되는 상품들입니다.

네이버쇼핑 신비복숭아 검색 노출의 예

복숭아를 판매하는 판매자들이 등록한 상품명은 광고 시스템 키워드 도구를 보면 쉽게 알 수 있습니다. 대부분 월간 검색 수가 높은 키워드 순으로 등록한 것을 알 수 있습니다. 검색이 많은 검색어에 스마트스토어 상품명이 노출되게 한 것입니다.

광고관리	정보관리 ∨	보고서 ∨	도구 ∨	비즈머니 (212,491원) ∨	충전하기					
전체추가	연관키워드 ⑦		월간검색수 ⑦		월평균클릭수 ⑦		월평균클릭률 ⑦		경쟁정도 ⑦	월평균노출 광고수 ⑦
			PC ⬥	모바일 ⬥	PC ⬥	모바일 ⬥	PC ⬥	모바일 ⬥		
추가	신비복숭아		530	2,300	1.7	26.4	0.32 %	1.24 %	높음	15
추가	복숭아묘목		240	1,250	10.4	40	4.29 %	3.50 %	높음	15
추가	복숭아		7,610	51,100	22.7	558.4	0.31 %	1.16 %	높음	15
추가	복숭아나무		930	5,450	2.3	25.1	0.26 %	0.50 %	높음	15
추가	천도복숭아		1,290	9,950	4.1	96.5	0.33 %	1.03 %	높음	15
추가	신비복숭아묘목		70	360	1.6	6.1	2.21 %	1.90 %	낮음	4
추가	대극천		80	1,080	0.2	8.6	0.27 %	0.83 %	높음	14
추가	딱딱이복숭아		490	5,510	3.7	98.2	0.76 %	1.83 %	높음	15
추가	경산신비복숭아		< 10	< 10	0	0.3	0.00 %	6.25 %	낮음	0
추가	루비로망		780	4,540	4	55.8	0.55 %	1.43 %	중간	10
추가	신품종복숭아		< 10	80	0.4	5	7.41 %	6.85 %	중간	5

키워드 도구에서 '신비복숭아'로 검색했을 때의 화면

그림에서 세 번째로 노출된 판매자의 상품명과 키워드 도구에서 현재 누락되는 키워드를 확인해 보겠습니다.

- 그림에서 세 번째로 노출된 상품명: 신비복숭아, 딱딱이, 백도, 천도, 황도, 말랑이, 납작 복숭아
- 다른 판매자 대비 누락된 상품명: 대극천, 신선
- 키워드 도구에서 누락된 키워드: 제철, 대과

더 조회해 보면 현재 상품명에 누락된 복숭아 관련 키워드가 있다는 것을 알 수 있습니다. 이렇게 누락된 키워드를 현재 상품명에 등록하면 좋지

만, 상품명의 글자 수 제한 때문에 키워드를 추가로 입력하지 못하는 경우가 있습니다. 이 경우, 누락된 키워드 조합으로 광고하면 주요 키워드에서 발생하는 매출과 누락된 키워드로 광고하는 매출이 합산되고 판매량과 후기가 쌓이게 돼 인기도 점수가 높아지고 경쟁사 대비 1페이지에 등록된 스마트스토어 상품이 계속 상단에 노출될 수 있습니다. 즉, 소비자가 '신비복숭아'로 검색했을 때는 광고하지 않는 본래 스마트스토어 상품이 노출되고 상품명에 글자 수 제한으로 노출되지는 않았지만, 복숭아 관련 검색어로 검색했을 때는 광고로 노출된 상품이 노출되게 함으로써 소비자의 선택을 추가로 더 받게 하는 것입니다. 이것이 바로 '네이버쇼핑 광고 전략'입니다.

네이버쇼핑에서 브랜드를
무료로 노출하기

지금부터 설명하는 부분은 네이버쇼핑에서 반드시 해야 하는 부분은 아니지만, 네이버쇼핑에서 판매자 회사의 브랜드를 노출할 수 있는 방법입니다. 다음 그림의 네이버쇼핑 검색 영역을 살펴보면 브랜드 글자와 판매 업체명이 보이는 것을 알 수 있습니다.

네이버쇼핑 판매자 브랜드 노출의 예

네이버쇼핑 입점 페이지에 브랜드를 노출하는 방법은 다음과 같습니다.

Q 네이버쇼핑 검색 결과 내 브랜드 영역의 노출 기준은 무엇인가요?

A 네이버쇼핑 검색 결과 페이지 상단에 노출되는 '브랜드' 영역의 노출 기준은 다음과 같습니다.

- 네이버쇼핑에 브랜드가 사전 등록돼 있고 상품 정보(DB URL) 내 해당 '브랜드' 정보가 입력된 상품이 있어야 합니다.
- 그중 상품의 클릭 수, 상품 수 등의 랭킹에 따라 상위 100개까지 노출됩니다.
- 매일 일정 기간의 최근 데이터로 생성되기 때문에 노출 브랜드는 매일 변동될 수 있습니다.
- 브랜드가 등록돼 있더라도 101위 브랜드는 노출되지 않으며 상품의 랭킹이 상승되면 자동으로 노출됩니다.

Q 브랜드, 제조사는 어떻게 등록하나요?

A 네이버쇼핑에 브랜드 등록을 원할 경우, 필요 정보를 첨부 '온라인 상담' 내 접수 채널로 등록하면 됩니다.

- 필수 정보(서류)
  - 브랜드 등록: 브랜드명, 브랜드 정보를 확인할 수 있는 URL, 상표권
  - 제조사 등록: 제조사명, 업태가 '제조업'으로 확인되는 사업자등록증
- 접수 경로
  - 온라인 상담 〉검색 결과(랭킹) 및 쇼핑 광고 〉브랜드/제조사를 노출하고 싶어요. 〉[등록 전] 브랜드/제조사 등록하기(상담 분류 '브랜드/제조사 등록 요청' 선택해 등록)
  - 등록한 내용은 담당자 검토(영업일 기준 1~2일) 후 등록 여부가 결정되며 결과는 메일로 안내될 예정입니다.

• 참고

  - 필수 정보(서류)가 누락되거나 기준에 부합하지 않을 경우, 처리가 불가합니다.

  - 네이버쇼핑 검색 결과 내 '브랜드', '제조사' 영역은 내부 기준에 따라 인기
    가 높은 상위 100개까지 노출됩니다.

위 내용으로 등록을 완료하면 네이버쇼핑에 브랜드를 무료로 노출시킬
수 있습니다.

네이버쇼핑 광고 실전 준비

네이버쇼핑에 광고를 하는 방법은 다음과 같습니다.

- 네이버에서 기본적으로 검색되는 검색어(키워드)를 작성합니다.
- 검색어(키워드)로 검색했을 때 노출되는 상품의 소재를 작성합니다.
- 노출되는 소재는 키워드 검색어 순위로 정렬해 검색이 많은 키워드를 상품명의 앞쪽 순서부터 배열합니다.
- 구매자가 원하는 키워드를 빠르게 확인할 수 있도록 합니다.
- 광고 대행사에 노출되는 소재를 등록해 달라고 요청합니다.
- 네이버쇼핑에도 소재 외에 추가로 등록할 수 있는 확장 소재가 있습니다.

확장 소재 사용의 예

파워링크에 비해 텍스트가 적지만, 상품의 추가 내용과 리뷰 수 등을 등록할 수 있습니다. 위 그림의 '해외 골프 & 바캉스'라는 확장 소재를, 골프를 생각한 검색자가 보게 됐다면 검색자에게 클릭을 유도하는 문구로 등록된 것 같습니다. 확장 소재는 상품의 가격을 표시하기도 하지만, 소재를 돋보이게도 합니다. 광고 대행사에 요청하면 소재와 마찬가지로 등록할 수 있습니다. 판매자가 요청한 네이버쇼핑 광고를 광고 대행사가 수행하는 업무는 다음과 같습니다.

- 키워드, 소재, 확장 소재를 등록하기 위해 캠페인과 광고 그룹을 설정합니다.
- 캠페인과 광고 그룹을 설정한 후 광고가 노출될 소재의 입찰가를 어떻게 정할 것인지 논의합니다.
- 처음에는 PC와 모바일에서 2위 정도에 노출되도록 입찰가를 정합니다. 네이버 쇼핑은 2위에 노출되는 경우가 PC와 모바일에서 1위 대비 광고비도 절감하고 1페이지에서 클릭 될 가능성이 높기 때문입니다.
- 광고 대행사가 설정한 캠페인과 광고 그룹 속의 소재가 노출되는 입찰가를 조정해 등록된 소재와 확장 소재가 노출되는 위치를 확인합니다(키워드 입찰가 변경에 관련된 사항은 10장 참고).
- 경쟁사에서 노출되는 소재와 확장 소재 등을 확인한 후 판매자의 광고와 비교해 더 좋은 소재를 발굴하고 노출합니다.

현시점에서 네이버쇼핑에 사용되는 입찰가를 확인하고 입찰가가 너무 높으면 입찰가를 낮춥니다. 그리고 노출되는 소재와 광고에 사용되는 이미지가 구매 고객에게 클릭될 수 있게 노력합니다. 이렇게 하는 이유는 광고비 예산 때문입니다. 입찰 순위가 너무 높으면 하루 광고비가 빠르게 소진됩니다.

- 하루 예산 광고비를 캠페인과 광고 그룹에 분배해 봅니다.
- 네이버쇼핑 광고를 실행합니다.

　　대부분 하루 광고비가 예산으로 집행돼 있기 때문에 광고가 노출되는 시간대를 설정할 수도 있습니다. 일반적으로 인터넷 검색량이 활발한 시간은 오전 9시에서 오후 18시이기 때문에 이 시간에만 광고를 노출해도 되고 아이템에 따라 광고 노출 시간을 다르게 설정할 수 있으며 예산 범위 안에서 하루 종일 광고가 온(ON)되게 할 수도 있습니다. 이러한 내용은 광고 대행사를 통해 안내받을 수 있습니다. 광고가 실행된 다음 날에는 사용한 예산을 통해 얼마를 사용했고 언제 광고가 오프(OFF)됐는지도 네이버 광고 시스템의 [도구] – [이력 관리]에서 확인할 수도 있습니다.

키워드 도구에서 이력 관리

키워드에 따라 상품이 구매된 키워드와 구매하지 않는 키워드를 확인해 왜 구매가 일어나지 않았는지를 경쟁사에서 노출하는 소재와 비교하면서 고민해야 합니다. 제외 키워드 기능에서 이러한 키워드를 확인해 제외하거나 소재를 점검하고 다시 광고가 온(ON)되게 하면 됩니다. 여기까지가 일반적인 네이버쇼핑 광고 방법입니다(좀 더 자세한 내용은 9장 참고).

파워콘텐츠 광고 블로그와
인플루언서 제대로 활용하기

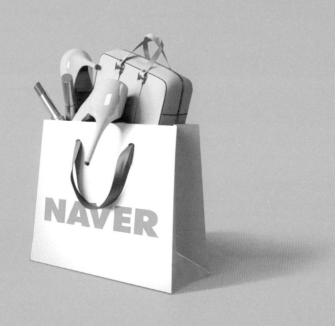

파워콘텐츠 광고 소개

파워콘텐츠 광고는 블로그 및 포스트를 광고에 활용하는 방법입니다. 간혹 카페를 홍보하는 경우도 있습니다. 대부분의 판매자는 네이버에 저렴한 클릭당 비용으로 자사의 공식 블로그를 파워콘텐츠 광고에 활용합니다. 네이버에 소개된 내용은 다음과 같습니다.

파워콘텐츠 광고

파워콘텐츠 광고에 도움이 되는 네이버 블로그 작성

파워콘텐츠 광고는 결국 블로그를 활용한 광고이기도 하기 때문에 네이버 블로그를 먼저 소개하겠습니다. 네이버에 '스위스 제네바유심'이라는 키워드로 검색해 봤습니다. 검색어를 입력하면 [뷰(VIEW)] 탭의 상위에 노출된 블로그를 볼 수 있습니다. [뷰] 탭에는 카페와 포스트, 글들이 상위에 노출됩니다. 일반적으로 인플루언서 또는 영향력 있는 카페, 지속적으로 블로그 활동을 하는 사람들의 글들이 상위에 노출돼 있습니다. 따라서 판매자 자사의 공식 블로그에 지속적, 활동적으로 글을 발행하고 있다면 이렇게 검색어에 상위 노출해 판매자 자사의 브랜드 및 상품을 1페이지에 홍보할 수 있을 것입니다.

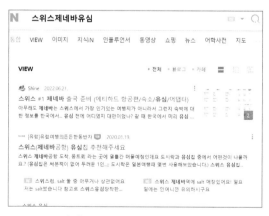

[뷰] 탭에 노출되는 카페와 블로그

파워콘텐츠 광고인 블로그를
판매자가 발행하기 힘든 이유

    판매자 자사에 블로그를 작성하는 담당자가 근무하고 있다면 가능하지만, 담당 직원이 없다면 자사의 블로그로 이렇게 홍보하는 회사는 많지 않습니다. 회사에서 누군가가 매일 콘텐츠와 글을 발행하는 것이 어렵기 때문입니다. 스마트스토어에서 판매를 하는 판매자의 경우, 블로그에서 상품 정보를 자체적으로 홍보하는 경우는 흔치 않습니다. 그런데 네이버 광고 시스템의 파워콘텐츠 광고를 활용하면 판매자 자사의 블로그 글을 상위 첫 번째까지는 아니어도 PC와 모바일 검색 화면에서 1페이지에 노출할 수 있습니다. 다음 그림의 인플루언서 글 바로 밑에 브랜드가 표시된 가이드맨에 블로그 글이 노출된 것을 확인할 수 있습니다. 그리고 옆에는 작은 글씨로 광고라고 표시돼 있습니다. 파워콘텐츠 광고라는 뜻입니다. 2022. 09. 28에 발행된 것도 표시해 주고 있습니다.

태국여행패키지

인플루언서 2022.06.09.

부산 출발 태국 여행 방콕 파타야 패키지로 떠나요!
경제적으로 여행하기가 아주 수월해졌답니다 ^^b 태국 여행 하면 대표적으로 떠오
르는 두 곳이 바로 방콕과... 출발하는 태국 여행 패키지 이전에도 몇 번 소개해드...

2일 전

태국여행 방콕 파타야 4박5일 핫플 맛집투어 부산 김해공항 출발...
태국여행 방콕 파타야 4박5일 핫플 맛집투어 부산 김해공항 출발 패키지 방콕맛집
투어 / 럭셔리힐링요트... 추가비 태국 방콕 파타야 맛집 여행 상세 일정표 일자 방...
부산출발 방콕 파타야 패키지 태국 여행지 에어부산 해외여행

2022.09.19.

태국 여행 패키지 고민이시라면
위치한 태국여행에 대해 알아볼게요. 태국은 동남아시아에 위치하고 있으며 수도는
방콕이에요. 태국의... 특히 일반 패키지 여행과는 다르게 여러분이 원하는 대로 자...

2022.09.28. 광고

태국에서 꼭! 즐겨야 할 버킷리스트 20가지!
불교의 나라와 갖가지 맛있는 음식으로 가득찬 동남아의 태국에 대해서 여행시 꼭!
꼭! 즐겨야 할 버킷리스트 20가지를 알차게 정리해보았습니다. 방콕,파타야 자유...

파워콘텐츠 광고의 예

광고성 글이라 보지 않는 사람도 있지만, 광고라는 글자를 못 보고 블로그를 보는 경우도 많습니다. 광고라는 표시가 있더라도 이미지와 제목이 정말 유용한 정보라면 글을 보게 됩니다. 이처럼 평소 판매자 자사의 블로그에서 매일 글을 발행해 블로그 지수를 관리함으로써 상위에 블로그를 노출시킬 수는 없더라도 한 번의 콘텐츠 제작으로 발행된 글을 네이버 광고 시스템에 활용하면 판매자 자사의 공식 블로그를 해당 검색어로 검색했을 때 1페이지에 노출하거나, 브랜드를 홍보하거나, 상품을 판매할 수 있습니다. 공식 블로그는 판매자의 회사에서 담당 직원 및 해당 관련 업무 직원이 발행하는 것이 가장 좋습니다. 만약 여의치 않다면 콘텐츠 제작 업체와 장기 또는 단기 계약을 맺고 매주 1~2회 정도의 글을 발행하는 것도 좋은 방법입니다.

파워콘텐츠 광고 등록은
광고 대행사에 맡기면 시간 절약

블로그로 발행되는 글에는 처음부터 자사의 광고성 글보다 유용한 정보를 먼저 표시하고 후반에 자사의 상품을 홍보하는 것이 좋습니다. 실제로 파워콘텐츠를 등록하기 위한 검수 과정에서도 처음에는 유용한 정보를 기재하고 포스트 내용의 중간을 지나 자사 쇼핑몰 등의 이벤트 혜택이나 랜딩 페이지를 등록해야 검수가 통과되도록 하고 있습니다.

4. 랜딩페이지 등록기준

4-2 내용	③ 이벤트/프로모션 관련 내용은 "랜딩페이지" 내 전체 콘텐츠 내용의 ½ 이후부터 노출 가능
	※ 의료 업종의 경우 해당 내용 노출 불가
	④ 소비자 등이 작성한 "추천/보증 관련 콘텐츠"를 사용하는 경우 아래의 조건에 부합해야 함
	- "공정거래위원회"의 "추천·보증 등에 관한 표시·광고 심사지침" 등 관련 법령 및 고시를 준수해야 함
	- 해당 제품을 실제로 이용한 자기 자신의 경험한 사실을 근거로 작성해야 함
	- 광고주와 후기 작성자 간 경제적 이해관계가 있는 경우, 이를 명확하게 표시해야 함
	- 표시문구는 랜딩페이지의 처음이나 마지막에 표시하고, 글자 크기를 본문보다 크게 하거나 색깔을 다르게 표시하는 등 사용자가 쉽게 인지할 수 있도록 해야 함
	(예시) 표시문구
	후기 작성자는 OO상품을 (추천, 보증, 소개, 홍보 등)하면서
	OO사로부터 (현금, 상품권, 수수료, 포인트, 무료제품 등)를 받았음

네이버 파워콘텐츠 광고 등록 기준 전문

이번에는 광고하는 방법을 구체적으로 확인해 보겠습니다. 네이버 광고 시스템에 로그인한 후 [광고 시스템]을 클릭합니다.

매출 올리는
네이버 스마트스토어
광고 활용법

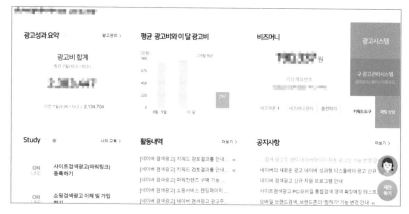

네이버 광고 시스템

변경된 화면의 왼쪽에 [파워콘텐츠] 메뉴가 보입니다. 파워콘텐츠 광고에 블로그를 등록하기 위해서는 캠페인과 광고 그룹을 먼저 세팅하게 돼 있습니다. 직접 등록할 수도 있지만, 광고 대행사를 통해 만들 수도 있습니다. 캠페인과 광고 그룹은 카테고리라고 이해하면 됩니다. 큰 카테고리를 '캠페인', 작은 카테고리를 '광고 그룹'으로 보면 됩니다. 작은 카테고리 안에 발행된 블로그 글을 등록할 수 있습니다.

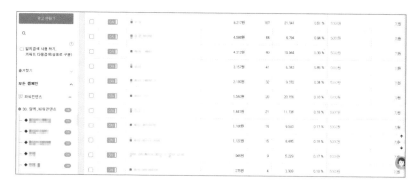

파워콘텐츠 캠페인과 광고 그룹

파워콘텐츠 광고의 경우에는 사용할 수 있는 키워드가 정해져 있습니다. 네이버에서 파워콘텐츠 광고에 등록할 수 있는 키워드를 미리 확인할 수 있고 광고에 사용할 수 있는 키워드도 지정돼 있습니다. 이러한 세부적인 내용은 네이버 광고 대행사에서 모두 알고 있습니다.

파워콘텐츠 광고는 키워드가 정해져 있음

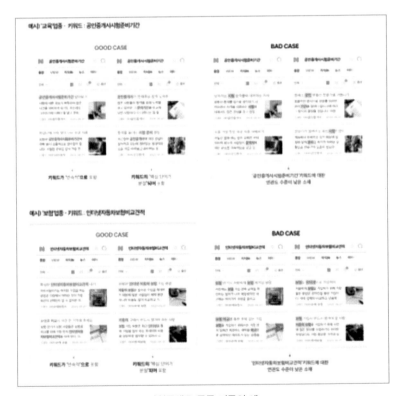

파워콘텐츠 등록 기준의 예

판매자가 블로그의 글을 직접 발행하거나 외부에서 블로그의 글을 제작한다면 그다음부터는 광고 대행사에 등록을 요청할 것을 추천합니다. 검수를 통과하기 위해서는 소재와 제목의 키워드가 일치하도록 작성해야 하고 블로그의 포스트 내용과 키워드도 연관되도록 세팅해야 하는데, 이러한 작업이 통과되기 전까지 시간이 낭비될 수 있기 때문입니다.

스마트스토어에 파라미터를 적용해 판매량 확인

파워콘텐츠 광고에 블로그 글을 등록한 후에는 등록된 블로그에 스마트스토어 판매자의 판매 페이지를 링크할 수 있습니다. 파워콘텐츠 광고로 인해 링크된 스마트스토어 판매 페이지의 구매 현황을 확인하는 방법도 있습니다. 네이버에 소개되어 있고, 그 방법은 다음과 같습니다.

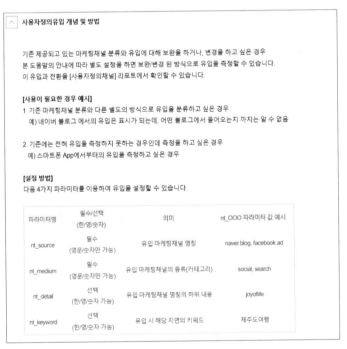

파라미터 값 이용의 예 ①

파라미터 값 이용의 예 ②

　　쉽게 설명해 보겠습니다. 소개된 내용의 기능을 활용하면 판매자는 네이버 광고 시스템에 파워콘텐츠 광고를 등록합니다. 파워콘텐츠 광고는 자사의 블로그 또는 인플루언서의 글을 등록할 수 있습니다. 블로그에 글을 작성했다면 블로그를 광고 대행사에 전달하고 광고 대행사에 파워콘텐츠 광고를 등록 요청하면 됩니다. 고객에게 유용한 정보 및 판매자 자사의 브랜드와 상품을 블로그로 노출해 홍보하고 블로그에서 상품의 홍보 내용을 보여 주다가 블로그 하단 부분에 상품을 판매할 수 있는 스마트스토어 페이지를 링크해 노출하면 됩니다. 고객은 유용한 정보를 확인하고 바로 구매할 수 있는 링크 페이지에서 상품을 바로 구매하는 경향이 강합니다.

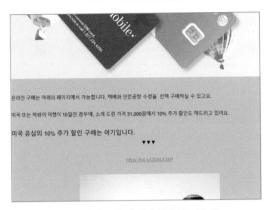

블로그에서 구매 페이지 연결 링크의 예

연결된 상품 판매 링크 페이지에서 고객이 상품을 구매하는 경우, 블로그를 통해 유입된 고객이 블로그에서 링크된 스마트스토어에서만 구매한 상품의 매출을 확인할 수 있습니다. 즉, 파워콘텐츠 광고로 유입을 늘리고 유입된 고객 중 블로그에 소개하고 링크된 스마트스토어에서만 상품을 구매한 매출을 확인할 수 있는 것입니다. 즉, 블로그에 연결된 스마트스토어에서만 판매된 매출을 확인할 수 있는 방법입니다. 방법은 매우 간단합니다.

상품을 판매하는 스마트스토어의 주소 뒤에 '?nt_source=naver.blog&nt_medium=social&nt_detail=블로그이름&nt_keyword=포스팅 제목'을 붙여주면 됩니다. 예를 들어 상품을 판매하는 스마트스토어의 주소가 'https://smartstore.naver.com/dial070/products/466642514'일 경우, 스마트스토어의 주소 뒤에 다음과 같이 파라미터 값을 적용하면 블로그에 링크된 스마트스토어에서 판매되는 상품의 매출을 확인할 수 있습니다.

https://smartstore.naver.com/dial070/products/466642514?nt_source=naver.blog&nt_medium=social&nt_detail=말톡공식&nt_keyword=베트남유심

판매 매출은 스마트스토어의 [스마트스토어 센터] - [통계] - [마케팅 분석] - [사용자 정의 채널] - [간단과 상세]에서 확인할 수 있습니다.

스마트스토어 상품

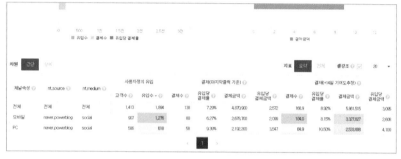

사용자 정의 채널 화면

파워콘텐츠 광고
실전 준비

파워콘텐츠 광고를 하기 위한 과정을 정리해 보겠습니다. 네이버 광고 시스템에서 파워콘텐츠 광고를 하는 방법은 다음과 같습니다.

- 광고에 사용할 공식 블로그에 글을 작성합니다. 일반적으로 블로그의 상단에는 고객에게 유용한 정보를 노출하고 하단에는 자사의 브랜드와 상품을 홍보합니다.
- 작성하는 글의 하단에는 판매할 상품의 스마트스토어 판매 페이지 링크 주소를 노출한 후에 글을 발행합니다.
- 스마트스토어 링크에는 판매량을 확인하기 위해 파라미터 값을 적용합니다.
- 네이버 광고 대행사에 공식 블로그에 발행된 글을 전달합니다.
- 네이버 광고 대행사에서 검수 과정을 거쳐, 캠페인과 광고 그룹, 해당 키워드, 입찰가를 세팅하고 광고를 활성화합니다.
- 스마트스토어 센터를 통해 파워콘텐츠와 연결된 링크 주소의 스마트스토어 판매량을 확인할 수 있습니다.
- 파워콘텐츠에 사용한 광고 금액(광고 시스템에서 확인)과 판매량(스마트스토어 센터)을 확인하고 광고 수익률(ROAS)을 비교할 수 있습니다.

파워콘텐츠 광고는 이렇게 시작하거나 확인할 수 있습니다. 광고 대행사를 통해 설정한 캠페인과 광고 그룹 그리고 키워드를 확인해 노출 수와 클릭 수를 확인하고 파워콘텐츠의 내용을 얼마나 클릭하게 되는지 확인한 후 발행 글을 추가로 작성할 수도 있을 것입니다. 파워콘텐츠 광고는 파워링크와 네이버쇼핑 광고 대비 저렴한 광고비 가격으로 광고를 시작할 수 있습니다. 그리고 파워콘텐츠 광고에 링크된 스마트스토어 상품이 판매되는 것은 네이버쇼핑의 노출 순위에도 영향을 미칩니다.

인플루언서 발행
포스팅과의 차이점

만약, 인플루언서를 활용해 자사의 브랜드와 상품을 홍보하거나 노출할 때는 보통 원고료를 지급하게 되는데, 원고료는 인플루언서에 따라 다릅니다. 인플루언서마다 역량이 다르기 때문입니다. 필자의 회사는 1회 원고당 5~10만 원 정도의 비용을 지불했습니다.

인플루언서의 블로그 또는 일반 사람들의 블로그에 모바일을 통해 접속하면 다음 그림처럼 오늘로 표시된 부분에 숫자가 보입니다. 이 숫자는 오늘을 기준으로 현재 시간까지 이 블로그를 찾은 사람들의 수를 나타냅니다. 여행 관련 정보를 전문적으로 포스팅하는 인플루언서의 경우, 이렇게 방문자가 표시되는 곳에 표시되는 하루 방문자가 1만 명에서 5만 명에 이르기까지 다양합니다.

인플루언서가 발행한 글들이 네이버에 많이 노출되거나 이미 발행한 글들이 많기 때문에 많은 사람이 방문하게 됩니다. 다음 그림에서 홈 편집 옆의 메뉴 아이콘으로 보이는 부분을 클릭하면 인플루언서가 그동안 어떤 주제로 글을 썼는지를 확인할 수 있습니다. 블로그에서 인플루언서의 최근 글을 보면서 제목을 확인하고 네이버에서 검색어로 검색해 해당 인플루언서의 발행 글들이 네이버에 어느 순위로 노출되는지 확인해 볼 수 있습니다.

일반적으로 최근에도 계속 글을 발행하고 있는 네이버 인플루언서라면 발행하는 글들이 대부분 검색어 검색 화면의 1페이지에 노출됩니다. 그리고 시간이 지나면서 다른 인플루언서의 비슷한 내용의 같은 검색어로 글들이 올라오면 기존 발행된 글들은 순위가 낮아집니다. 그리고 시간이 더 지나면 검색어로 검색한 노출 페이지의 뒤로 밀려 잘 안 보이게 됩니다.

블로그 홈의 예

블로그에 유용한 글이 많으면 많은 사람이 네이버에서 검색어를 검색해 해당 블로그에서 많은 정보를 찾게 될 것입니다. 일반적으로 인플루언서는 1가지 분야에서 전문적인 글을 작성합니다. 인테리어, 여행 정보, 세금, 재테크, IT 등과 같은 아이템을 정한 후 1가지 분야에서 다양한 경험과 풍부한 정보를 블로그에 등록하고 있습니다. 대부분의 인플루언서는 거의 매일 글을 발행합니다. 이렇게 매일 글을 발행하는 것은 쉬운 일이 아닙니다. 따라서 인플루언서를 사업 파트너라 생각하고 인플루언서의 블로그에 자사의 브랜드와 상품에 관한 정보가 심도 있게 실릴 수 있도록 노력하는 것이 좋습니다.

그냥 한번 글을 올려 보려는 생각보다는 정성을 다해 자사의 아이템과 연관된 유용한 정보를 정리한 후 인플루언서에게 전달하면 인플루언서는 해당 상품을 실제로 경험해 보고 상품의 특징을 잘 작성해 해당 아이템을 검색한 사람들에게 알려 줄 것입니다. 인플루언서도 자신의 블로그를 사람들이 신뢰하기를 원하고 블로그가 단지 상품 홍보와 판매만으로 사용되기보다 유용한 정보가 등록된 블로그로 사람들에게 인식되기를 바라기 때문입니다.

예를 들어 인테리어에 관련된 정보를 찾는 사람들은 인테리어 관련된 정보를 많이 가진 인플루언서의 블로그에서 많은 정보를 찾게 되고 검색된 아이템을 통해 장단점을 알고 싶어 합니다. 그래서 이웃 또는 팬 신청을 해 정보를 지속적으로 제공받기도 합니다.

이런 블로그를 잘 활용하면 다음 번에도 내 상품을 재구매하는 고객이 될 수 있습니다. 그 고객은 주변 사람에게도 유용한 정보와 좋은 경험을 하게 해 준 상품을 소개할 것입니다. 따라서 지출되는 원고료를 비용으로만 생각하지 말고 판매자가 판매하려는 상품을 잘 판매할 수 있는 기회라고 생각하기 바랍니다.

많이 판매하고 싶지만 네이버에서 잘 검색되지 않는 내 상품을 광고 또는 인플루언서를 통해 네이버의 1페이지에 노출할 수 있기 때문입니다. 물론 인플루언서의 블로그가 검색어로 검색된 글이 1페이지에 노출된다는 보장은 없지만, 인플루언서의 글이 발행되면 검색어에 맞게 1페이지에 노출되는 것을 알 수 있습니다. 즉, 그동안의 인플루언서의 노력을 바탕으로 내가 판매하는 상품을 쉽게 노출할 수 있습니다.

사람들이 정보를 찾기 위해 네이버 블로그를 검색하는 경우를 살펴보면 많이 검색하는 검색어가 블로그의 제목 앞에 노출되는 것을 알 수 있습니다. 보통 '홍대 맛집~상호'식으로 진행됩니다. 그런데 이는 매우 일반적인 방법입니다. 따라서 판매자는 인플루언서에게 자사의 브랜드와 상품이 잘 눈에 띄도록 블로그 글의 제목을 '판매 상품명~자사 브랜드'식으로 해 달라고 요청할 가능성이 높습니다. 그런데 이보다 좋은 방법은 네이버 광고 시스템에서 키워드 도구를 활용하는 것입니다.

'말톡'이라는 브랜드를 가진 회사가 '일본유심'이라는 상품을 판매한다고 가정해 보겠습니다. 앞에 설명한 것처럼 일반적으로 인플루언서에게 블로그에 노출될 제목을 요청한다면 '일본유심~도쿄, 오사카~말톡'식으로 노출해 달라고 요청할 것입니다.

그런데 블로그 글이 이 상태로 발행되면 이 블로그로 유입되는 사람은 '일본유심', '도쿄유심', '오사카유심', '말톡' 등으로 검색한 사람들뿐일 것입니다. 즉, 일본유심이 궁금한 사람들만 유입됩니다. 더 많은 사람이 인플루언서의 블로그에 유입되게 하려면 어떻게 해야 할까요? 그리고 유입된 블로그에서 일본유심을 더 많이 판매하려면 어떻게 해야 할까요?

일본유심을 포스팅하기 위한 키워드 조회의 예

네이버 광고 시스템 키워드 도구를 통해 일본유심을 사용할 가능성이 있는 고객들이 어떤 키워드를 많이 검색하는지 확인해 보겠습니다. 다음 그림을 살펴보면 답이 보입니다.

'일본 비자', '일본 입국', '일본유심' 순으로 검색되고 있습니다. 그렇다면 인플루언서에게 어떤 제목을 요청해야 할까요? 제목은 바로 '일본 비자 발급받고 입국해 패키지 여행으로 일본유심 사용하기'입니다. 일본유심뿐 아니라 더 많은 검색되고 있는 검색어를 사용해야만 더 많은 사람이 유입될 것입니다. 검색한 사람들은 인플루언서의 블로그를 통해 일본 비자를 발급하는 방법과 입국 절차를 알게 되고 일본 패키지 여행을 통해 일본유심을 어떻게 사용하게 되는지까지 알게 될 것입니다. 그리고 인플루언서의 블로그 하단에 링크된 판매자의 일본유심 스마트스토어 구매 페이지에서 일본유심을 편리하게 구매할 것입니다. 이렇게 하지 않으면 일본유심을 다시 검색해야 할 것입니다. 이렇게 인플루언서에게 원고를 전달하거나 블로그의 제목을 요청할 때는 네이버 광고 시스템의 키워드 도구를 활용하는 것이 좋습니다.

다음 그림에서 일본유심을 많이 판매하기 위해 일본유심 키워드보다 검색이 더 많은 일본 무비자 입국 키워드를 동시에 발행한 블로그 제목을 확인할 수 있습니다. 블로그를 보게 되는 사람은 일본 무비자 입국을 검색하다가 일본유심을 구매할 가능성이 있습니다.

일본 무비자 입국 키워드를 통해 일본유심을 노출하는 포스팅

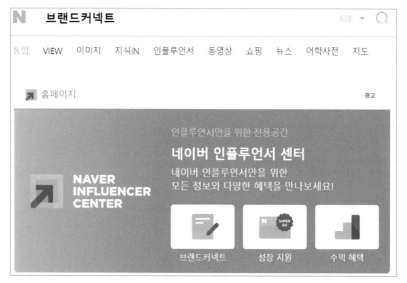

네이버 브랜드커넥트

코로나19 이전에 인플루언서에게 연락하는 방법은 개인 메시지 또는 전화뿐이었습니다. 하지만 최근에는 네이버에서 '브랜드커넥트'로 검색하면 내가 판매하는 상품과 연관된 아이템을 노출하는 인플루언서와 연결할 수 있습니다.

이번에는 자사의 공식 블로그를 이용한 파워콘텐츠 이야기를 해 보겠습니다. 1회성 원고가 아닌, 다수의 인플루언서에게 다회로 지급되는 원고료가 높다고 판단하는 경우에는 판매자가 자사의 공식 블로그를 통해 직접 블로그의 글을 발행하는 방법도 생각해 볼 수 있습니다. 이 방법을 사용하면 인플루언서에게 지급될 원고료를 절약할 수 있고 인플루언서 대비 낮은 광고료로 파워콘텐츠 광고를 할 수도 있습니다.

또한 판매자의 공식 블로그에 글을 계속 쌓이게 함으로써 자사의 브랜드 인지도 역량을 키울 수도 있습니다. 좋은 정보가 담긴 글을 발행했다면 내 블로그 이웃을 만들 수 있고 자사의 제품을 브랜드화할 수도 있습니다. 이때는 사내에 담당 직원을 둬 블로그를 관리하게 하거나 외부 업체와의 계약으로 블로그를 정기적으로 관리하게 하는 것이 좋습니다.

인플루언서의 글은 초반에 1페이지의 상위에 노출돼 조회수가 급격하게 늘어날 수는 있지만, 다른 블로그 글들이 올라오면서 뒤로 밀리거나 사라질 수도 있습니다. 아이템에 따라, 중·단기적인 목표에 따라 파워콘텐츠와 인플루언서 광고를 혼합해 활용하는 것도 좋은 방법입니다.

파워링크의 다음은 브랜드 광고!
내 브랜드 널리 알리기

브랜드 검색 광고 소개

특정 회사를 네이버에서 검색어로 검색했을 때 광고가 크게 노출되는
이유는 네이버 브랜드 광고를 사용하고 있기 때문입니다.

브랜드 광고의 예 ①

브랜드 광고의 예 ②

브랜드 광고의 예 ③

네이버에는 다음과 같이 소개돼 있습니다.

이용자가 브랜드 키워드로 검색했을 때 통합 검색 결과의 상단에 브랜
드와 관련된 최신 콘텐츠를 텍스트, 이미지, 동영상 등을 이용해 노출하는
상품입니다(출처: 네이버 광고 시스템).

네이버 브랜드 광고를 사용하면 판매자의 브랜드로 검색했을 때 미리
등록된 판매자의 텍스트, 이미지 등을 화면에서 넓은 영역으로 노출할 수
있습니다.

브랜드 광고 종류

스마트스토어를 통한 매출 증대로 고도몰, 카페24 등을 통해 자사의 쇼핑몰을 오픈하게 되는 날이 오면 회사의 브랜드를 알리고 브랜드를 기억하는 고객이 자사의 쇼핑몰로 직접 유입돼 상품을 구매하게 하고 싶어집니다. 고객이 자사몰로 유입돼 상품을 구매하면 네이버 스마트스토어의 판매 수수료도 없어지고 네이버 스마트스토어의 고객이 아니라 진정한 브랜드 고객과 거래하게 됩니다. 이를 위해서는 자사몰을 고객에게 알려야 하는데, 그 방법이 바로 '네이버 브랜드 광고'입니다. 즉, 자사몰 쇼핑몰을 네이버 브랜드 광고를 통해 노출하고 연결되게 할 수 있습니다.

필자의 회사는 '말톡'이라는 브랜드를 사용하고 있습니다. 회사 상품을 구매하고 싶은 고객은 '말톡'이라는 키워드를 통해 회사의 웹사이트에 직접 유입돼 상품을 구매하고 있습니다. 이와 같이 브랜드 광고로 유입되는 고객은 자사몰에서 직접 상품을 구매하게 됩니다. 즉, 네이버 광고 시스템의 목표는 자사몰에서 상품을 직접 구매하도록 하는 것입니다.

말톡 브랜드 광고

네이버 브랜드 광고의 장점은 판매자의 회사명뿐 아니라 브랜드의 가치 등을 파워링크 광고 영역보다 더 폭넓게 알릴 수 있다는 것입니다. 그럼 어떤 키워드로 검색해야 회사를 널리 알릴 수 있을까요?

키워드 30개 등록

네이버 브랜드 광고는 키워드를 30개까지 등록해 자사의 브랜드가 노출되게 사용할 수 있습니다.

브랜드 광고 캠페인

회사명과 브랜드, 관련 키워드를 연결하면 자사의 브랜드를 좀 더 쉽게 알릴 수 있습니다. '말톡'이라는 브랜드를 사용한다면 '말톡', '말톡유심', '말톡미국유심' 등과 같은 키워드를 등록해 해당 키워드로 검색했을 때 브랜드 광고가 노출되게 하는 것입니다. 해당 키워드 검색량은 네이버 광고 시스템의 키워드 도구에서 검색하거나 등록할 수 있으며 광고 대행사를 통해서도 세팅할 수 있습니다.

네이버 브랜드 광고는 광고 비용이 다음과 같이 책정돼 있습니다. 모바일 라이트형은 일반적으로 1개월 동안 사람들이 미리 등록한 30개의 키워드로 검색했을 때 조회수가 8,000회 미만인 경우, 모바일에서만 월 50만 원의 광고료가 지불됩니다. 3개월이면 150만 원이 지불되고 조회수가 증가돼 사람들에게 검색되면 광고료가 증가합니다.

다음 단가표를 살펴보면 조회수가 증가하면 광고료가 올라간다는 것을 알 수 있습니다. 브랜드 광고는 PC와 모바일이 분리돼 있기 때문에 PC와 모바일을 따로 집행해도 됩니다. 물론, 양쪽에 모두 집행해도 됩니다.

본 단가표의 기준 조회수는 30일을 기준으로 합니다.

모바일 브랜드검색 단가표

모바일_라이트형_일반 단가표		모바일_라이트_썸네일 단가표		모바일_라이트형_리스팅 단가표	
기준 조회수	단가 / 원 (VAT 미포함)	기준 조회수	단가 / 원 (VAT 미포함)	기준 조회수	단가 / 원 (VAT 미포함)
0 ~ 8,000	500,000	0 ~ 8,000	700,000	0 ~ 8,000	780,000
8,001 ~ 15,700	1,000,000	8,001 ~ 15,700	1,400,000	8,001 ~ 15,700	1,560,000
15,701 ~ 22,100	1,700,000	15,701 ~ 22,100	2,200,000	15,701 ~ 22,100	2,340,000
22,101 ~ 29,100	2,400,000	22,101 ~ 29,100	2,900,000	22,101 ~ 29,100	3,120,000
29,101 ~ 36,800	3,000,000	29,101 ~ 36,800	3,600,000	29,101 ~ 36,800	3,900,000
36,801 ~ 45,200	3,600,000	36,801 ~ 45,200	4,300,000	36,801 ~ 45,200	4,700,000
45,201 ~ 54,400	4,200,000	45,201 ~ 54,400	5,000,000	45,201 ~ 54,400	5,500,000
54,401 ~ 71,500	4,800,000	54,401 ~ 71,500	5,800,000	54,401 ~ 71,500	6,300,000
71,501 ~ 89,400	6,000,000	71,501 ~ 89,400	7,200,000	71,501 ~ 89,400	7,800,000
89,401 ~ 110,400	7,200,000	89,401 ~ 110,400	8,600,000	89,401 ~ 110,400	9,400,000
110,401 ~ 135,000	8,400,000	110,401 ~ 135,000	10,100,000	110,401 ~ 135,000	11,000,000
135,001 ~ 163,600	9,600,000	135,001 ~ 163,600	11,500,000	135,001 ~ 163,600	12,500,000
163,601 ~ 197,000	10,800,000	163,601 ~ 197,000	13,000,000	163,601 ~ 197,000	14,100,000
197,001 ~ 235,700	12,000,000	197,001 ~ 235,700	14,400,000	197,001 ~ 235,700	15,600,000
235,701 ~ 280,600	13,200,000	235,701 ~ 280,600	15,800,000	235,701 ~ 280,600	17,200,000
280,601 ~ 332,600	14,400,000	280,601 ~ 332,600	17,300,000	280,601 ~ 332,600	18,800,000
332,601 ~ 392,700	15,600,000	332,601 ~ 392,700	18,700,000	332,601 ~ 392,700	20,300,000
392,701 ~ 462,000	16,800,000	392,701 ~ 462,000	20,200,000	392,701 ~ 462,000	21,900,000
462,001 ~ 541,800	18,000,000	462,001 ~ 541,800	21,600,000	462,001 ~ 541,800	23,400,000
541,801 ~ 633,700	19,200,000	541,801 ~ 633,700	23,000,000	541,801 ~ 633,700	25,000,000
633,701 ~ 739,400	20,400,000	633,701 ~ 739,400	24,500,000	633,701 ~ 739,400	26,600,000
739,401 ~ 860,600	21,600,000	739,401 ~ 860,600	25,900,000	739,401 ~ 860,600	28,100,000
860,601 ~ 999,700	22,800,000	860,601 ~ 999,700	27,400,000	860,601 ~ 999,700	29,700,000
999,701 ~ 1,159,100	24,000,000	999,701 ~ 1,159,100	28,800,000	999,701 ~ 1,159,100	31,200,000
1,159,101 ~ 1,341,600	25,200,000	1,159,101 ~ 1,341,600	30,200,000	1,159,101 ~ 1,341,600	32,800,000
1,341,601 ~ 1,550,300	26,400,000	1,341,601 ~ 1,550,300	31,700,000	1,341,601 ~ 1,550,300	34,400,000
1,550,301 ~ 1,788,800	27,600,000	1,550,301 ~ 1,788,800	33,100,000	1,550,301 ~ 1,788,800	35,900,000
1,788,801 ~ 2,061,200	28,800,000	1,788,801 ~ 2,061,200	34,600,000	1,788,801 ~ 2,061,200	37,500,000
2,061,201 ~ 2,372,000	30,000,000	2,061,201 ~ 2,372,000	36,000,000	2,061,201 ~ 2,372,000	39,000,000

모바일 단가표

현재의 브랜드로 검색되는 키워드 검색량을 확인하고 네이버 광고 대행사와 업무를 함께 진행하면 쉽게 시작할 수 있습니다.

소재를 등록하는 방법

브랜드 광고를 이용하면 이미지와 텍스트 부분에 업체의 슬로건을 등록해 브랜드 노출을 보완해 줄 뿐 아니라 회사 안의 다양한 업무 분야를 함께 노출할 수 있습니다. 또한 공식 블로그 연결 등을 통해 브랜드를 고객에게 추가로 노출할 수도 있습니다. 텍스트와 이미지를 광고 대행사에 전달하면 글자 수에 맞춰 브랜드 광고를 진행할 수 있습니다. 광고 대행사를 통해 1개월 단위로 시작해 보고 검색어에 따른 노출 수를 확인할 수도 있습니다.

광고비는 검색 수에 따라 책정되기 때문에 검색량이 많다는 것은 브랜드가 잘 알려지고 있다는 증거이므로 광고를 추가로 진행할수록 브랜드 인지도에 영향을 미칠 수 있고 브랜드로 유입되는 고객을 확보할 수 있습니다.

자사몰 홍보가 잘돼 브랜드 광고 검색 수가 높아짐으로써 광고비를 많이 지출하게 될 경우, 브랜드 광고 키워드와 캠페인을 분리해서 구성하면 광고비를 절약할 수 있습니다.

좀 더 쉽게 설명해 보겠습니다. 앞 페이지의 단가표를 살펴보면 모바일 라이트형에서 브랜드 검색어 조회수가 8,000회인 경우, 광고비가 월 50만 원으로 책정돼 있습니다. 그런데 광고가 잘돼 월 조회수가 1만 6,000회인 경우, 조회수 구간의 광고비가 월 170만 원으로 증가합니다. 이때는 광고비를 100만 원으로 낮출 수 있습니다. 그 방법은 다음과 같습니다. 등록한 30개의 키워드 중 키워드별로 조회수를 확인해 캠페인을 2개로 만든 후 각각 조회수가 8,000회가 되도록 구성하면 광고비를 낮출 수 있습니다. 광고 대행사에 이와 관련된 내용을 이야기하면 캠페인과 키워드를 분리하고 2개의 광고 그룹을 만들어 광고비가 절약되게 구성해 줄 것입니다.

광고를 등록하는 것은 광고 대행사의 업무이고 이렇게 노출되는 광고와 광고비를 고려하는 것이 판매자의 광고 시스템 업무입니다. 브랜드 광고는 광고 대행사에게 등록 요청을 하는 것이 좋습니다. 브랜드 광고의 기간 만료로 발생하는 문제도 광고 대행사가 항상 챙겨 주기 때문입니다.

네이버 광고 시스템의
광고 방법을 깨닫다

네이버 광고의 목표는
노출 수, 클릭률, 전환율!

지금까지 네이버의 4가지 광고 영역인 파워링크, 네이버쇼핑, 파워콘텐츠, 브랜드 광고에 관한 일반적인 내용을 확인해 봤습니다. 지금부터는 실무적인 부분을 자세히 소개하려고 합니다. 4가지 부분의 네이버 광고 시스템에서 광고를 잘하려면 다음과 같은 노출 수, 클릭률, 전환율 3가지를 중심축으로 삼아야 합니다.

앞서 4가지 광고 영역을 설명하면서 계속 설명한 내용입니다. 파워링크 광고를 진행하면 네이버 광고 시스템에서 다음과 같은 그래프를 볼 수 있습니다.

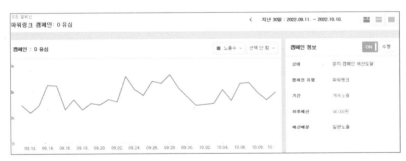

파워링크 광고 노출 수 그래프

월간 단위, 주간 단위로 노출 수와 이에 따른 클릭 수를 확인할 수 있습니다. 그리고 구매가 일어난 전환율도 그래프로 확인할 수 있습니다. 파워링크로 진행 중인 광고가 설정 기간 동안 얼마만큼 노출되는지 확인하는 것입니다. 광고를 하는 이유는 많은 사람에게 노출되게 하기 위한 것입니다. 또한 구매자가 클릭을 많이 하고 구매도 많이 하도록 하기 위한 것입니다. 따라서 그래프가 상승될 수 있도록 노력해야 합니다.

노출 수가 목표인 이유

파워링크 광고에서도 설명했지만, 오늘 그리고 내일 방문한 고객이 어떤 키워드로 우리의 상품을 구매할 것인지는 알 수 없습니다. 일반적으로 검색량이 많은 키워드의 구매가 잘 이뤄집니다. 광고를 시작해 보면 자연스럽게 알게 되겠지만, 많은 사람이 검색하는 주요 키워드는 키워드 입찰가가 매우 높습니다. 그래서 광고 하루 예산이 빠르게 소진됩니다. 예산을 효율적으로 분배하고 하루 예산 범위 안에서 광고 수익률을 높이려면 우리가 판매하는 상품이 많은 고객에게 노출돼야 합니다.

주요 키워드에 노출되는 경우에는 하루 예산을 생각해 입찰가 순위를 조정할 수 있고 노출 시간을 설정할 수도 있습니다. 하지만 키워드 가격이 매우 높기 때문에 하루 예산이 빠르게 소진될 것이고 광고 수익률이 키워드 입찰가 때문에 좋지 않은 날도 있을 수 있습니다.

클릭만 하고 구매를 하지 않은 광고 시스템을 살펴보면 속상할 때가 있습니다. 예를 들어 보겠습니다. 다음 그림의 4인용 식탁의 조회수가 매우 높습니다. 따라서 광고 노출을 위한 입찰가도 비쌀 것입니다. 하지만 4인용 원목 식탁의 경우, 조회수가 4인용 식탁 대비 10분의 1 수준입니다.

연관키워드 조회 결과 (1000개)		월간검색수 ⑦		월평균클릭수 ⑦		월평균클릭률 ⑦		경쟁정도 ⑦ ⇕	월평균노출 광고수 ⑦ ⇕
전체추가	연관키워드 ⑦ ⇕	PC ⇕	모바일 ⇕	PC ⇕	모바일 ⇕	PC ⇕	모바일 ⇕		
추가	4인용식탁	2,940	34,100	34.1	490.5	1.23 %	2.23 %	높음	15
추가	4인용원목식탁	230	3,630	9.1	145.7	4.08 %	4.31 %	높음	15

4인용 원목 식탁, 4인용 식탁 조회수 비교

따라서 노출 광고비가 저렴할 것입니다. 경쟁이 적기 때문입니다. 따라서 판매자의 상품이 원목 식탁으로서 차별점과 강점이 있다면 4인용 원목 식탁 분야에서 노출이 잘되도록 광고를 설정하는 것이 좋습니다. 고객은 구체적인 키워드(세부 키워드)로 검색하기 때문에 구매할 가능성이 높고 판매자는 관련 상품을 정확하게 노출할 수 있기 때문에 판매할 가능성이 높습니다. 판매자의 입장에서 보면 4인용 식탁 대비 클릭당 광고비도 저렴합니다. 실제로 4인용 식탁과 4인용 원목 식탁으로 조회해 노출되는 파워링크 광고를 확인해 봤더니 키워드에 따라 광고하는 회사가 다른 것을 확인할 수 있었습니다.

따라서 키워드의 단가는 낮으면서 고객이 구매할 수 있는 키워드를 찾아야 합니다. 또한 여러 가지 키워드를 검색했을 때 많은 고객에게 상품이 노출되게 해야 합니다. 이런 노력을 통해 노출률을 꾸준히 올려야 합니다.

예를 들어 '유럽유심'이라는 키워드는 조회수가 높아 광고 노출에 대한 가격이 높지만, '유럽의 여행 지역을 연결된 키워드명인, '밀라노유심', '파리유심'이라는 키워드로도 고객이 상품을 구매할 수 있습니다. 이런 키워드는 많은 경쟁사에서 등록하지 않은 경우도 있기 때문에 키워드 경쟁률이 약해져 키워드 입찰가를 낮게 설정해도 1순위로 노출할 수 있습니다.

4인용 식탁 노출 광고   4인용 원목 식탁 노출 광고

다음 그림을 살펴보면 '파리유심'이라는 키워드로 검색했을 때 두 번째 순위로 노출된 광고가 파리와 연관된 프랑스가 노출되면서 파리에서 사용할 수 있다는 점을 알려 주고 있습니다. 다른 광고에서는 파리에 관련된 노출이 없는 상태입니다. 따라서 입찰가나 입찰 순위에만 집착하지 말고 검색되는 키워드와 소재가 일치되게 함으로써 검색어를 입력하는 구매자가 필요한 정보를 소재에 노출하는 노력이 필요합니다. 그렇게 해야만 광고 수익률을 높일 수 있고 광고 효율성도 높아집니다.

파리유심 검색 화면

　　결론적으로 주요 키워드와 검색량이 적은 키워드에서 구매를 발생시키면 높은 광고 수익률을 달성할 수 있습니다. 따라서 주요 키워드와 연관 키워드를 계속 발굴해 광고 대행사에 등록을 요청해야 합니다.

클릭률이 목표인 이유

판매자의 입장에서는 이 부분이 구매 전환을 위해 가장 중요한 내용이라고 할 수 있습니다. 한정된 하루 예산의 광고비를 사용할 때는 고객이 구매하지 않는 무의미한 클릭을 줄이고 실제로 구매하는 클릭을 늘리는 소재를 발굴하는 것이 중요합니다.

구매자가 '이탈리아여행유심'으로 검색했다고 가정해 보겠습니다. 이 여행자는 '이탈리아여행으로 유심'을 염두에 두고 검색했다고 생각할 수 있습니다. 이 경우, 그 고객의 입장에서 검색어를 고민해야 합니다. 이탈리아를 여행할 것이기 때문에 '이탈리아'와 '유심'이 표시된 텍스트를 찾을 것입니다. 네이버 검색과 함께 자연스럽게 화면을 스크롤하게 되고 결국 이탈리아 소재에서 시선이 멈출 것입니다. 그리고 다른 텍스트에서 고객과 연관된 내용이 추가로 보일 때 클릭할 것입니다.

다음 그림의 파란색 제목을 살펴보면 검색된 키워드와 일치하는 제목도 있고 직접적인 연관성이 없는 제목들도 있습니다. 검색어와 일치하는 소재를 노출한 곳이 제대로 광고를 하고 있다고 볼 수 있습니다. 검색어를 검색한 고객은 검색어와 동일한 소재를 찾아 클릭할 확률이 높기 때문입니다. 그리고 구매도 일치하는 소재에서 하게 될 가능성이 높습니다. '이탈리아여행유심'으로 검색했다면 구매자 본인이 검색어에 일치하는 소재를 클릭할 가능성이 높습니다. 그래서 판매자는 이렇게 검색어로 검색되는 키워드와 소재가 일치되게 노출될 수 있도록 광고 그룹을 설정해야 합니다.

이탈리아 여행 유심 검색 화면

이번에는 '제주아반떼렌트'로 검색해 봤습니다.

'제주아반떼렌트'로 검색했을 때의 화면

두 번째 광고에도 '아반떼'라는 글자가 보이지만, 세 번째로 노출된 제목과 소재는 아반떼 텍스트가 정확히 표시되고 확장 소재인 가격 링크를 통해 가격도 표시되고 있습니다. '아반떼'라는 키워드에 가장 충실하게 소재를 노출하고 있는 것입니다. 결론적으로 광고가 노출되는 순위가 아니라 구매자가 검색하는 검색어와 일치하는 소재를 노출하는 것이 중요합니다.

광고가 세 번째로 노출된다는 것은 입찰가가 세 번째로 사용된다는 것을 의미합니다. 정해진 하루 예산에서 세 번째의 입찰가로 사용되기 때문에 첫 번째로 노출하게 됐을 때보다 광고를 더 많은 사람에게 노출할 수 있습니다. 100명이 제주 아반떼를 검색한다면 어떤 소재를 먼저 클릭하게 될까요? 그리고 어느 업체의 첫인상이 더 좋을까요?

언어는 기성품이 아닙니다.
소비자가 문구를 봤을 때 '나에게 이야기하고 있구나'
라는 기분이 든다면 그 문구는 성공한 것입니다.
대상에 맞는 언어를 커스터마이징해야 합니다.
또 그 언어는 강력한 한방이어야 합니다. (출처: 1초 문구, 장문정)

다음 그림은 'KF94 마스크 새부리형'을 구매하고 싶은 고객의 검색 화면입니다. 검색을 통한 노출 화면을 살펴보면 세 번째와 네 번째 광고에서 'KF94 마스크 새부리'라는 검색어가 정확하게 나타나는 것을 알 수 있습니다. 다른 자리의 광고 업체들은 'KF94 마스크 새부리'라는 검색어가 확인되지 않고 있습니다. 어떤 법인 회사에서 KF94 마스크 새부리 마스크가 필요해서 급하게 구매해야 한다면 구매 담당자는 별다른 고민 없이 두 번째 자리에 노출된 광고를 통해 구매할 가능성이 높습니다. 구매 시간을 절약할 수 있기 때문입니다. 이런 차이가 나는 이유는 광고 그룹을 제대로 설정하지 않았기 때문입니다.

　세 번째 자리에 광고를 노출한 회사는 'KF94 마스크 새부리'라는 검색어에 대한 광고 그룹을 구분했습니다. 즉, 'KF94 마스크 새부리'라는 키워드로 검색했을 때 파란색 제목의 소재가 노출되도록 광고 그룹을 설정한 것입니다. 다른 업체들은 이렇게 설정하지 않았기 때문에 키워드와 일치하는 소재가 노출되지 못한 것입니다.

　좀 더 자세하게 설명해 보겠습니다. 세 번째 광고를 노출한 회사는 KF94 새부리형 마스크 키워드만 검색했을 때 지금 보이는 파란색 제목과 소재가 노출되도록 광고 그룹을 등록한 것입니다. 그런데 다른 판매 업체는 광고 그룹을 별도로 설정하지 않고 '마스크', 'KF94마스크', 'KF94 새부리형 마스크'라고 검색했을 때도 같은 광고 제목과 소재가 노출되도록 구성했기 때문에 키워드를 검색했을 때 나타나는 제목과 소재가 다르게 나타나는 것입니다. 따라서 키워드와 일치하는 광고 그룹을 설정할 수 있도록 광고 대행사에 등록 요청을 하면 됩니다. 판매하는 상품 마스크 중 KF94 마스크 새부리 키워드에는 파란색 제목처럼 광고 그룹을 별도로 구성하면 됩니다. 판매자가 구매할 가능성이 있는 키워드를 리스트화하고 키워드가 검색됐을 때 각각 보이는 제목과 소재를 설정해 광고 대행사에 등록 요청을 하면 됩니다.

　예를 들어 'A'라는 키워드로 검색했을 때는 '가나다'라는 내용이 나오도록 등록해 달라고 요청하고 'B'라는 키워드로 검색했을 때는 '라마바'라는 내용이 나오도록 등록해 달라고 요청하면 됩니다. 네이버 광고 시스템이 처음이므로 어렵게 등록하지 말고 판매자가 원하는 생각을 광고 대행사에 요청하기 바랍니다. 광고 대행사는 요청받은 내용으로 광고 그룹을 구성할 것입니다. 광고 시스템에서 확인된 후에야 광고가 어떻게 시스템에 등록되고 있는지 편리하게 확인할 수 있습니다.

kf94 마스크 새부리형

파워링크 'kf94마스크새부리형' 관련 광고입니다. ⓘ   등록 안내

■■ KF94여름마스크

[광고] ■■■■■■ 　N Pay +

숨쉬기 편한 여름마스크, 소중대 사이즈 오늘출발! ■ 새부리형 마스크 타사 대비 얇게 나와 습거나 덥지 않은 마스크!

소중대 사이즈 20매   9,900원
특대형 사이즈 20매   9,900원

■■■■ V라인마스크공식몰 · 송혜교마스크 아직도모르세요?

[광고] ■■■■■■ 　N Pay +

가을컬러 내츄럴베이지 품절 되기 전에 미리 구매하세요! ■■ 새부리형마스크

특별기획전 · 송혜교마스크 · 시큐어마스크 · 10매입상품

KF94마스크새부리형 G마켓 · 누구나 10% 할인!

[광고] ■■■■■■■■

KF94마스크새부리형 누구나 즐기는 이달의 쿠폰팩! 누구나 10% 쿠폰 지급!

G마켓베스트 · 슈퍼딜특가 · 스마일배송 · 스마일프레시

옥션 KF94마스크새부리형 · 매월 전회원 10% 쿠폰!

[광고] ■■■■■■■■

옥션 스마일배송 저녁 8시 전 주문, 내일도착! + 서울은 전지역 새벽배송!

옥션BEST · 올킬 특가 · 스마일배송 · 스마일클럽

KF94국내생산 의정 · 부자재도 국내산.국내제조

[광고] ■■■■■■ 　N Pay +

모든자재 국내산만 사용, 직접생산, 국내생산, **KF94**마스크새부리형, 안전한마스크 국내에서생산합니다.

KF94 새부리형 마스크 조회시 검색 화면

마지막으로 '분당당일꽃배달'로 검색해 봤습니다. 2순위에서 바로 보입니다. 더 이상 밑에까지 내려갈 필요가 없습니다. 검색한 텍스트를 정확하게 표시하고 있습니다. 이렇게 연결된 페이지를 통해 구매가 늘어나고 후기가 쌓이고 후기를 본 고객은 다시 구매할 것입니다. URL을 스마트스토어 판매 페이지로 이용할 경우, 광고 없이 네이버쇼핑 영역 1페이지에 노출될 가능성도 있습니다.

'분당당일꽃배달'로 검색한 화면

    그림상으로는 당연하다고 생각할 수 있습니다. 하지만 광고 시스템에서 광고 그룹과 카테고리가 늘어나면 이렇게 노출하기 어렵습니다. 키워드도 그룹별로 맞게 구분해야 하기 때문입니다.

전환율이 목표인 이유

예를 들어 '유럽유심'으로 검색했을 때는 광고 소재에서 '유럽유심'이라는 텍스트가 노출되고 고객이 클릭했을 때 유럽유심이 판매되는 페이지로 바로 연결돼야 합니다. 당연한 말이지만, 이 역시 상품이 많아지고 광고 그룹, 키워드가 많아지면 놓칠 때가 있습니다. 또 경우에 따라 상품이 품절되는 경우도 있습니다. 이때 클릭되는 페이지가 상품이 품절된 페이지로 연결되는 안타까운 경우가 발생하기도 합니다. 이렇게 되면 상품이 팔리지 않을 수 있고 클릭당 광고비가 발생해 광고비를 낭비할 수도 있습니다. 클릭률에서 설명한 대로 검색어에 노출된 소재를 클릭하면 정확하게 검색된 소재와 일치하는 상품 페이지로 연결되게 해야 합니다.

좀 더 정교하게 키워드에 노출된 소재에 연결하는 방법으로는 네이버 광고 시스템을 키워드 연결 URL로 설정하는 방법을 들 수 있습니다. 이 기능을 사용하면 광고 그룹 안에서도 키워드에 따라 특정 연결 URL을 연결하게 함으로써 키워드를 검색한 고객이 찾고자 하는 상품에 좀 더 정교하게 연결할 수 있습니다. 키워드에서 체크박스에 체크 표시를 하고 '선택한 키워드 관리'에서 '키워드 연결 URL 설정'을 할 수 있습니다. 이 부분 역시 광고 대행사를 통해 등록 요청을 하면 됩니다.

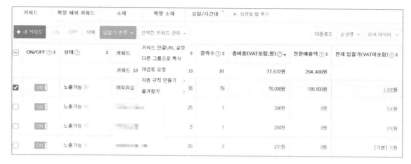

키워드 연결 URL 설정 ①

키워드마다 연결 URL 기능을 사용하면 다음과 같이 표시됩니다. 직접
등록해도 되고 광고 대행사를 통해 연결 URL 기능을 세팅해도 됩니다.

키워드 연결 URL 설정 ②

광고 전, 스마트스토어 상품명으로
노출 수 끌어올리기

지금까지 노출 수와 클릭율 그리고 전환율을 광고하는 입장에서만 설명했습니다. 그런데 소개한 3가지는 꼭 광고에만 적용되는 것이 스마트스토어 상품명에도 그대로 적용됩니다. 광고를 하기 전에 스마트스토어 상품명으로도 연습할 수 있습니다. 광고에 적용된 예처럼 스마트스토어 상품명으로 검색되는 키워드의 제목을 다양하게 변경해 보세요. 즉, 판매하고자 하는 스토어의 상품명을 다양한 키워드 제목으로 변경해 보세요. 그러면 어떤 키워드에서는 너무 낮은 순위로 랭크돼 있어 찾기 어렵겠지만, 어떤 키워드에서는 높은 순위로 노출돼 상품이 1페이지 또는 높은 순위에서 보일 수 있습니다. 그럼 네이버쇼핑의 상품명을 바탕으로 확인해 보겠습니다.

다음 그림을 살펴보겠습니다. 일본유심 키워드 검색에서 말톡 회사의 스토어 상품이 하단에 보이고 있습니다.

'일본유심'이라는 키워드로 검색한 화면

'일본유심공항수령'이라는 키워드로 검색한 화면

같은 상품을 어떤 제목으로 노출하는지에 따라, 키워드에 따라 노출 순위가 다르게 노출되고 있습니다. 일본유심으로 검색됐다면 노출 순위가 낮아 판매가 어려워지겠지만, '일본유심공항수령'이라는 키워드로 검색됐다면 판매될 가능성이 높아 보입니다. 그리고 광고를 활성화해 어느 정도 판매를 촉진하고 다양한 키워드에서 노출돼 판매된다면 고객 리뷰와 함께 판매 순위가 높아지는 것을 확인할 수 있습니다. 그러다가 판매 순위가 높아져 메인 키워드 검색 시 1페이지에 노출되기 시작하면 메인 키워드에서 상품이 1페이지에 노출되기 때문에 광고는 세부 키워드로 노출되게 해 판매를 2중으로 늘어나게 하면 됩니다. 그 이유는 상품명의 글자수 제한으로 많은 키워드를 제목으로 노출할 수 없기 때문입니다.

네이버 광고 시스템에
직접 등록하는 방법

네이버 광고 시스템
회원 가입 방법

　지금까지 네이버 광고 시스템의 활용 방법에 대해 알아봤습니다. 이번에는 광고 시스템을 시작하는 방법과 직접 등록하고 사용하는 방법을 소개하고자 합니다. 광고비를 충전한 후 네이버 광고 시스템에 등록한 광고를 온(ON)하면 네이버에서 광고가 시작됩니다. 네이버 광고 관리 시스템을 검색해 접속합니다.

네이버 광고 관리 시스템 ①

접속된 화면에서 네이버 아이디로 로그인해도 되고 신규 가입해도 됩니다.

네이버 광고 관리 시스템 ②

　　회원 가입을 하면 광고하는 방법을 안내해 주는 화면이 나타납니다. 광고 등록을 완료한 후 광고비로 사용할 머니를 네이버 광고 시스템에서 충전하고 광고를 시작하면 됩니다.

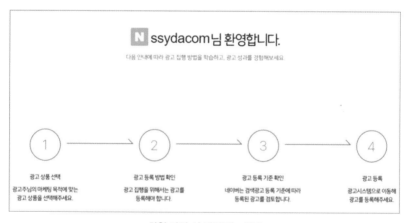

회원 가입 시 팝업되는 화면

- 광고 상품 선택
- 광고 등록 방법 확인
- 광고 등록 기준 확인
- 광고 등록

광고 상품 선택

    스마트스토어에 등록된 상품 중 광고할 상품을 선택합니다. 스마트스토어에 등록된 모든 상품을 광고해도 되고, 광고를 하고 싶은 상품만 광고해도 됩니다. 신상품이지만 신규로 구매하는 고객에게 후기도 쌓이게 하고 싶고 1페이지에서 빠르게 노출하고 싶은 상품을 광고할 상품으로 선택할 수도 있습니다. 기존에 판매하는 상품인데 판매량을 늘리고 싶은 상품으로 광고를 시작해도 되고 광고를 하다가 그만 둬도 됩니다.

광고 등록 방법 확인

네이버 광고 시스템의 상단에 있는 메뉴 중 [고객 센터]를 클릭하면 광고 등록 방법에 관한 정보를 확인할 수 있습니다.

광고 시작 가이드

자세한 내용은 광고 시스템 고객 센터를 통해 확인할 수 있으므로 전체적인 내용과 광고를 등록하는 방법을 중심으로 안내하겠습니다. 네이버 광고 시스템에서 광고를 하기 위해서는 네이버 광고 시스템에서 다음과 같은 구조로 광고를 등록하게 돼 있습니다.

매번 등록하는 업무는 광고 대행사에 요청할 것이기 때문에 전체적으로 등록되는 현황을 확인한다고 생각하면 됩니다. 가장 먼저 광고주 계정으로 로그인된 상태에서 캠페인을 만들고 그다음에 광고 그룹을 만듭니다.

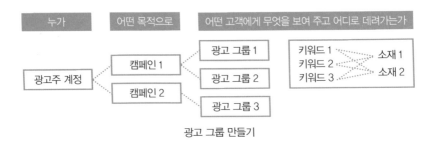

광고 그룹 만들기

만약, 판매하는 아이템 중 옷이 있다면 '옷'이 캠페인이 되고 '원피스'가 광고 그룹이 됩니다. 그리고 키워드는 '여름 원피스', '가을 원피스'가 되고 소재는 '지금 셀린느 공식'이 됩니다. 광고 등록이 완료되고 파워링크에서 광고가 노출되기 시작하면 설정한 캠페인과 광고 그룹에서 해당 키워드로 검색했을 때 소재가 다음과 같은 형태로 노출될 것입니다.

'여름 원피스'로 검색했을 의 소재 예

광고 등록

 광고에도 등록 기준이 있습니다. 네이버 광고 시스템 고객 센터에도 설명돼 있지만, 광고를 등록하면서도 자연스럽게 알 수 있기 때문에 광고 등록을 하면서 네이버에서 검토하는 과정을 함께 설명하겠습니다.

광고 등록 – 파워링크

 파워링크를 직접 광고로 등록해 보겠습니다. 광고 시스템에 접속한 후 로그인하고 [광고 만들기]를 클릭합니다.

파워링크 광고 만들기 ①

 클릭하면 화면이 변경됩니다. [캠페인 유형]에서 [파워링크 유형]을 선택합니다.

파워링크 광고 만들기 ②

파워링크 광고 유형을 선택한 후 화면을 스크롤해 내리면 캠페인 이름을 입력하는 곳이 나타납니다. '파워링크#1'이라고 표시로 된 곳을 클릭해 캠페인 이름을 입력합니다. 캠페인 이름이 고객에게 보이는 것이 아니라 광고주가 광고하는 캠페인을 구분하는 것이므로 자유롭게 입력하면 됩니다.

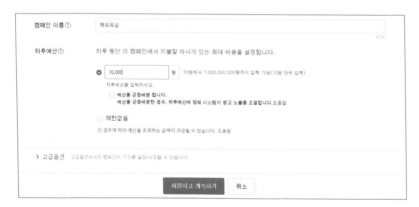

파워링크 광고 만들기 ③

여기서는 '해외유심'을 입력했습니다. 하루 예산은 하루에 사용할 광고 예산을 지정하는 것입니다. 여기서는 10,000원을 입력했습니다. 하루에 광고비를 10,000원까지 사용하겠다는 것이며 10,000원의 광고비를 모두 사용하면 광고는 자동으로 오프(OFF)됩니다. 추가로 충전하면 광고는 다시 온(ON)됩니다. 광고비를 하루에 10,000원으로 지정했기 때문에 그 이상은 광고비가 사용되지 않습니다. 캠페인은 만들었으므로 광고 그룹을 만들 차례입니다.

파워링크 광고 만들기 ④

광고 그룹 이름 역시 고객에게는 보이지 않습니다. 따라서 자유롭게 등록하면 됩니다. 광고 그룹명을 '베트남유심'으로 등록해 보겠습니다. URL은 네이버에 광고를 노출할 때 표시되는 주소입니다. 다음 그림에서 보는 바와 같이 광고 그룹에는 '베트남유심', URL 주소에는 '스마트스토어 대표 주소'를 등록했습니다. 기본 입찰가는 앞으로 등록하게 될 키워드에서 클릭됐을 때 구매자가 최대로 클릭하는 금액입니다. 기본 70원으로 지정하면 됩니다. 키워드 입찰가는 나중에 다시 설명하겠습니다. 하루 예산은

5,000원으로 설정했습니다. 캠페인이 큰 그룹이기 때문에 10,000원을 지정했습니다. 캠페인 안에서 광고 그룹을 '베트남유심', '태국유심'으로 구분해 계속 만들 수 있기 때문에 광고 그룹의 하루 예산은 캠페인에서 설정한 금액 안에서 지정되면 됩니다. 즉, 캠페인에서 제한된 예산이 10,000원이라면 캠페인에 속하는 광고 그룹은 10,000원 안에서만 광고비가 사용됩니다. 큰 그룹인 캠페인에서 10,000원으로 제한돼 있기 때문에 광고 그룹에서 광고비를 사용할 수 있는 금액은 10,000원 안에서만 사용할 수 있습니다. 예를 들어 캠페인에서 예산을 10,000원으로 설정하면 광고 그룹에서 광고비 예산을 20,000원으로 설정해도 10,000원까지만 광고비가 사용되고 광고는 오프(OFF)됩니다.

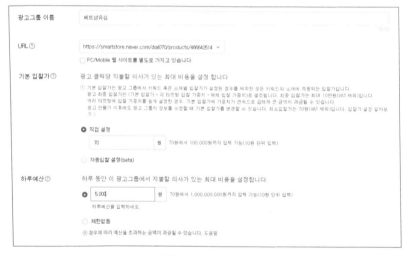

파워링크 광고 만들기 ⑤

그다음으로 키워드를 등록해 보겠습니다. 네이버에서 노출될 광고가 검색되는 키워드를 등록하는 과정입니다. 베트남유심을 판매하는 경우, 베트남유심이 검색될 가능성이 있는 키워드를 등록하면 됩니다. 다음과 같이 5개의 키워드를 등록했습니다.

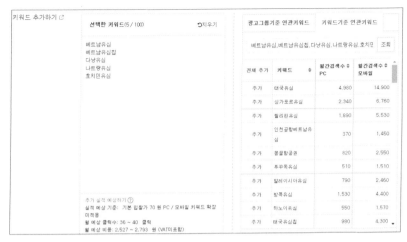

파워링크 광고 만들기 ⑥

키워드를 등록한 후 화면을 스크롤해 내리면 소재를 등록할 수 있는 화면이 나타납니다. 네이버에서 키워드로 검색했을 때 노출되는 제목으로, 이것을 '소재'라고 합니다. 제목과 설명 부분의 빈칸에 해당 내용을 작성해 봤습니다. 제목과 설명 부분을 작성하면 화면의 오른쪽에 있는 소재 미리 보기를 통해 키워드로 검색했을 때 노출되는 소재를 미리 보게 되는 것입니다(판매자의 상품이 다른 상품인 경우, 5장 참고). 5장의 내용을 참고하거나 상품명을 등록하면 되고 경쟁사의 노출된 소재를 참고해도 됩니다.

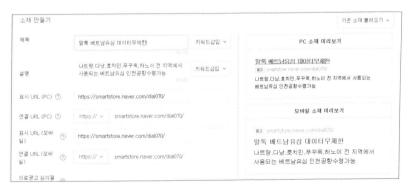

파워링크 광고 만들기 ⑦

표시 URL은 네이버 검색 화면에서 노출되는 주소이고, 연결 URL은 소재를 클릭했을 때 실제로 연결되는 주소입니다. 베트남유심을 판매하는 광고이기 때문에 다음과 같이 베트남유심 상품의 URL 주소를 입력하면 됩니다. 검색어로 노출되는 광고에서는 대표 URL 주소로 표시되지만, 구매자가 클릭했을 때는 설정한 웹사이트로 연결됩니다.

파워링크 광고 만들기 ⑧

마지막 단계인 [광고 만들기]를 클릭하면 캠페인, 광고 그룹, 키워드 등록 소재를 모두 등록할 수 있습니다. 등록된 정보가 광고 사용에 적합한지 네이버에서 영업일 기준으로 하루 정도 검토할 수 있습니다. 검토가 끝나면 광고가 시작됩니다.

파워링크 광고 만들기 ⑨

이제 키워드 입찰가를 등록해야 합니다. 지정한 키워드들이 광고 시스템에 모두 등록돼 있습니다. 현재 입찰가는 기본 70원으로 지정돼 있습니다. 클릭당 70원이 과금된다는 뜻으로, 검색어로 검색했을 때 70원 자리에 노출된다는 뜻입니다. 경쟁사들이 70원보다 높은 금액으로 설정했다면 광고가 상단에 노출되지 않습니다. [입찰가 변경]을 클릭한 후 [입찰가 일괄 변경]을 클릭하면 입찰가 순위를 확인하거나 조정해 볼 수 있습니다.

파워링크 광고 만들기 ⑩

입찰가도 변경해 보겠습니다. 해당 키워드의 체크박스에 체크 표시를 한 후 [입찰가 일괄 변경]을 클릭하면 다음과 같은 화면이 나타납니다. 선택한 키워드들의 입찰가를 모바일 검색 3위 평균 입찰가로 선택해 봤습니다. 스마트폰의 네이버 검색에서 '베트남유심'을 키워드로 검색하면 광고가 세 번째로 노출됩니다. 각 키워드마다 검색 순위 3위로 노출되게 하려면 새로운 설정 금액으로 변경할 금액을 알려 줍니다. 이것이 클릭당 과금되는 금액입니다. 금액이 너무 높으면 입찰가 순위를 낮춰서 선택한 후 등록하면 됩니다. '베트남유심'이라는 키워드의 경우, 키워드로 네이버 검색했을 때 클릭하면 클릭당 1,970원이 과금되고 네이버로 검색했을 때 3위 순위에 노출된다는 뜻입니다.

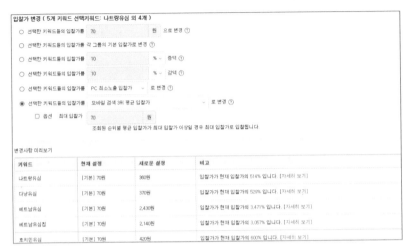

파워링크 광고 만들기 ⑪

[변경]을 클릭하면 입찰가 지정이 완료됩니다. 실제로 입찰가 세팅이 다음 그림과 같은 금액으로 완료된 것을 확인할 수 있습니다. 키워드 역시 URL 주소와 매칭되는지 네이버에서 검토하게 돼 있고 통과되면 키워드를 광고에 사용할 수 있게 됩니다.

파워링크 광고 만들기 ⑫

확장 소재는 추가 제목, 가격 링크, 파워링크 이미지 등 기본 소재와 함께 부가적으로 함께 노출할 수 있는 소재를 말합니다. 이 중에서 가격 링크는 되도록이면 등록할 것을 권장합니다. 검색어로 검색된 상품의 가격을 궁금해하는 소비자가 많기 때문에 가격 링크 확장 소재를 등록하면 검색 노출된 화면에서 가격 링크를 통해 제품의 가격을 바로 확인할 수 있습니다. 그러면 구매자는 광고를 클릭하기 이전에 가격 링크에 표시된 제품의 가격을 보고 구매 의사가 있으면 클릭하고 상세 페이지에서 상품을 좀 더 자세히 살펴본 후 구매할 가능성이 높습니다. 또한 검색어에 따른 상품의 가격 링크를 보여 주도록 노출하는 것이 좋습니다.

다음 그림에서는 네이버에서 사과 키워드를 검색 시 가격 링크가 확인되는 광고를 볼 수 있습니다.

파워 링크 광고 만들기 ⑬

실제로 광고 시스템에서는 다음 그림으로 가격 링크를 등록할 수 있습니다.

새 확장 소재 추가 (가격링크) 도움말 ✕

가격링크1 ↻초기화
가격이름   못난이 사과 10kg   11/11
가격   29,900   원
가격수식   부터
연결 URL   https:// ∨

가격링크2 ↻초기화 삭제
가격이름   사과 선물세트   7/11
가격   29,900   원
가격수식   부터
연결 URL   https:// ∨

가격링크3 ↻초기화 삭제
가격이름   사과배 선물세트   8/11
가격   29,900   원
가격수식   부터

파워링크 광고 만들기 ⑭

예를 들어 오렌지를 검색했다면 오렌지에 대한 가격 링크를 노출하고 사과를 검색했다면 사과에 대한 가격 링크를 노출하도록 광고를 설정함으로써 검색어에 표시된 상품을 정확하게 노출해야 합니다. 다음 그림에서 [확장 소재]를 클릭한 후 파란색의 [새 확장 소재]를 클릭하면 추가로 등록할 수 있습니다.

파워링크 광고 만들기 ⑮

추가 제목 확장 소재 역시 이와 똑같은 방법으로 등록하면 됩니다.

파워링크 광고 만들기 ⑯

여기까지 등록을 완료하면 파워링크 광고의 기본적인 등록은 완료됩니다. 검토 과정을 거친 후 광고 등록에 문제가 없으면 영업일 기준 24시간 안에 키워드 및 소재 상태가 다음과 같이 '노출 가능'으로 표시됩니다.

파워링크 광고 만들기 ⑰

광고를 온(ON)한 후 설정한 하루 예산에서 키워드 클릭당 금액이 과금되면서 광고가 시작됩니다. 네이버에서 해당 키워드로 검색하면서 노출 순위를 확인합니다. 입찰가의 노출 순위로 지정한 금액은 현재 시점을 기반으로 하는 것이 아니라 전월 데이터를 기반으로 하기 때문에 차이가 있을 수 있습니다. 따라서 실제로 키워드별 노출 순위를 확인하면서 금액을 높여 순위를 높게 할 수도 있고 금액을 낮춰 노출 순위를 다음으로 내릴 수도 있습니다. 소재도 정상적으로 노출되고 있는지 확인하면 됩니다. 참고로 파워링크에서 키워드 입찰가에 따른 노출 순위 조정은 10분 정도의 시간이 소요됩니다. 파워링크 키워드에 입찰가를 수정했다면 10분이 지나야만 노출 순위가 변경된 것을 확인할 수 있습니다.

광고 등록 - 네이버쇼핑

이번에는 네이버쇼핑에서 광고 등록을 해 보겠습니다. 파워링크 광고를 만들 때처럼 광고 시스템에 접속한 후 로그인하고 [광고 만들기]를 클릭합니다. 그런 다음 [쇼핑 검색 유형]을 선택합니다.

네이버쇼핑 광고 만들기 ①

쇼핑 검색 유형을 선택한 후 화면을 스크롤해 내리면 파워링크처럼 캠페인 이름을 입력하는 곳이 나타납니다. 이곳에 파워링크처럼 캠페인 이름을 입력하면 됩니다. 파워링크와 마찬가지로 캠페인 이름이 고객에게 보이는 것은 아니라 광고주가 광고하는 캠페인을 구분하는 것이므로 자유롭게 작성하면 됩니다. 캠페인 이름을 파워링크와 동일하게 '해외유심'으로 등록했습니다. 하루 예산은 하루에 사용할 광고 예산을 지정하는 것입니다. 여기서는 10,000원을 선택했습니다. 하루에 광고비를 10,000원까지 사용하겠다는 것으로, 10,000원의 광고비를 모두 사용하면 광고는 자동으로 오프(OFF)됩니다. 추가로 충전하면 광고는 다시 온(ON)됩니다. 광고비를 하루에 10,000원으로 지정했기 때문에 더 이상은 광고비가 사용되지 않습니다. [저장하고 계속하기]를 클릭합니다.

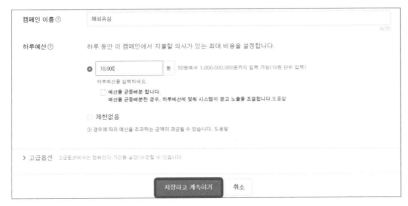

네이버쇼핑 광고 만들기 ②

캠페인은 만들었으므로 광고 그룹을 만들 차례입니다. 쇼핑몰 상품형을 선택합니다. 광고 그룹 이름 역시 고객에게는 보이지 않습니다. 자유롭게 등록하면 됩니다. 광고 그룹명을 '베트남유심'으로 등록해 보겠습니다. 쇼핑몰은 현재 스마트스토어 상품몰을 등록하면 됩니다.

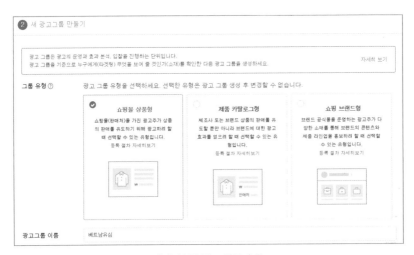

네이버쇼핑 광고 만들기 ③

기본 입찰가는 앞으로 등록하게 될 광고 소재에서 구매자가 최대로 클릭하는 금액입니다. 기본 50원으로 지정되면 됩니다. 하루 예산은 5,000원으로 설정했습니다. 캠페인이 큰 그룹이기 때문에 앞서 캠페인에서는 10,000원을 지정했습니다. 캠페인 안에서 광고 그룹을 '베트남유심', '태국유심'으로 구분해서 계속 만들 수 있기 때문에 광고 그룹의 하루 예산은 캠페인에서 설정된 금액 안에서 지정하면 됩니다. [저장하고 계속하기]를 클릭합니다.

네이버쇼핑 광고 만들기 ④

마지막으로 광고 만들기 소재 부분입니다. 광고할 상품의 이름, 즉 스마트스토어에 등록된 상품명을 등록한 후 [검색하기]를 클릭합니다. 상품명에 '베트남유심'을 등록했습니다.

네이버쇼핑 광고 만들기 ⑤

　화면을 스크롤해 하단으로 내리면 '베트남유심'으로 등록된 스마트스토어의 상품명이 조회되고 [+추가]를 클릭하면 '선택한 상품'에 상품이 등록됩니다. [광고 만들기]를 클릭합니다.

네이버쇼핑 광고 만들기 ⑥

파워링크 광고처럼 네이버에서 광고로 등록한 소재를 검토하게 됩니다. 소재 검토가 완료되고 노출 가능 상태가 되면 광고가 시작됩니다. 파워링크 처럼 입찰가를 수정하면 네이버쇼핑에서 노출 순위를 지정할 수 있습니다.

네이버쇼핑 광고 만들기 ⑦

광고 노출 순위를 위해 입찰가 순위를 확인합니다. 체크박스에 체크 표 시를 한 후 [입찰가 변경]을 클릭합니다. 화면이 다음과 같은 내용으로 변 경되고 PC 통합 검색 2위 평균 입찰가를 확인하기 위해 [변경사항 확인] 을 클릭해 보면 클릭당 3,570원이 과금될 때 네이버쇼핑 검색 광고에서 2 번째 광고로 노출된다는 것을 알려 주고 있습니다.

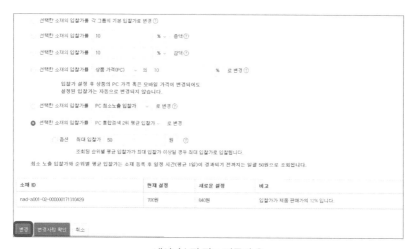

네이버쇼핑 광고 만들기 ⑧

[변경]을 클릭하면 다음과 같이 입찰가가 새로 지정됩니다.

네이버쇼핑 광고 만들기 ⑨

파워링크처럼 광고를 온(ON)하면 설정한 하루 예산에서 키워드 클릭당 금액이 과금되면서 광고가 시작됩니다. 네이버에서 해당 키워드로 검색하면서 노출 순위를 확인합니다. 입찰가의 노출 순위로 지정한 금액은 현재 시점을 기반으로 하는 것이 아니라 전월 데이터를 기반으로 하기 때문에 차이가 있을 수 있습니다. 그래서 실제로 키워드별 노출 순위를 확인하면서 금액을 높여 순위를 높게 해도 되고 금액을 낮춰 노출 순위를 다음으로 내릴 수도 있습니다. 그리고 소재도 정상적으로 노출되고 있는지 확인하면 됩니다. 참고로 네이버쇼핑에서 키워드 입찰가에 따른 노출 순위 조정은 2시간 정도의 시간이 소요됩니다. 파워링크 키워드에 입찰가를 수정했다면 2시간이 지나야 노출 순위가 변경된 것을 확인할 수 있습니다.

소재 옆에는 확장 소재도 있습니다. 파워링크처럼 다양한 부가 기능이 있지는 않지만, 추가로 등록할 수 있습니다. 기타 세부적인 내용은 네이버 광고 고객 센터를 통해서도 확인할 수 있습니다(https://saedu.naver.com/help/faq/ncc/index.naver).

네이버 광고(saedu.naver.com)

　광고 대행사에 확장 소재, 시간대 설정 등을 문의해도 자세히 안내받을 수 있습니다. 네이버 광고 시스템에 처음 등록할 때는 업무가 느리고 번거롭습니다. 하지만 반복적인 일이기 때문에 몇 번의 반복을 통해 상품 등록이 완료되고 광고 대행사를 통해서도 안내를 받으면 전체적으로 이해할 수 있습니다.

PART

10

광고가 오프됐을 때도 자사몰이
검색되도록 하는 방법

광고비 없이 네이버에 자사몰 노출

지금까지는 네이버 광고 시스템을 사용해 자사몰을 파워링크 광고로 노출하고 스마트스토어 상품을 네이버쇼핑에 광고 상품으로 등록하는 업무를 설명했습니다. 파워링크 광고는 자사몰을 노출하는 광고였고 네이버쇼핑은 스마트스토어에 등록된 상품을 광고 없이도 1페이지로 만들기 위한 과정이었습니다.

그런데 네이버쇼핑의 경우, 원하는 대로 판매하는 상품이 검색어를 검색할 때 1페이지에 노출되고 판매가 증가하면 대부분의 업체는 독립된 자사몰을 갖고 싶어합니다. 독립된 자사몰을 갖게 되고 자사몰에서 판매가 진행되면 스마트스토어처럼 수수료를 내지 않아도 되고 네이버의 판매 정책을 따를 필요도 없기 때문입니다. 이 밖에 독립된 쇼핑몰에서 상품을 자유롭게 판매할 수도 있습니다. 홍보, 이벤트도 마음대로 할 수 있습니다. 그리고 네이버 브랜드 광고도 진행할 수 있습니다. 결국 상품명을 검색하던 고객이 자사몰의 브랜드를 검색하고 상품을 구매하는 목표를 이룰 수도 있습니다. 고도몰, 카페24 등을 통해 독립된 자사몰을 만들고 파워링크 광고에 노출할 수도 있습니다.

다음 그림을 살펴보면 첫 번째에서 세 번째 광고를 노출하는 회사들이 독립된 쇼핑몰을 노출하는 것을 확인할 수 있습니다. 파란색 제목 다음의 URL 주소를 살펴보면 확인할 수 있습니다. 스마트스토어 주소가 아니라 독립된 쇼핑몰 주소를 확인할 수 있습니다. 광고에 네 번째로 노출된 회사가 스마트스토어 주소를 사용하는 것으로 확인됩니다.

자사몰을 확인할 수 있는 검색 화면의 예

그래서 많은 회사는 가장 먼저 파워링크 광고에 자사몰 URL을 등록하고 고객을 유입합니다. 정해진 하루 광고 예산에서 파워링크 광고를 온(ON)하고 광고비를 계속 사용하게 됩니다. 그런데 여기에는 1가지 단점이 있습니다. 하루 예산 광고비가 모두 소진되면 파워링크 광고가 노출되지 않는 것입니다. 계속 노출하고 싶다면 광고비를 계속 사용해야 합니다. 가장 좋은 방법은 파워링크 광고가 오프(OFF)돼도 검색어로 검색된 네이버 화면에서 무료로 자사몰이 노출되는 것입니다. 그 방법은 다음과 같습니다.

- 네이버 웹마스터 도구 등록
- 자사몰 검색 엔진 최적화 설정
- 언론 보도 송출
- 파워링크 광고 노출
- 인플루언서를 통한 블로그 노출

위 내용을 종합적으로 적용해 네이버에 노출하면 됩니다. 다음 그림을 이용해 쉽게 설명해 보겠습니다.

파워링크 광고의 예

'오렌지유심'으로 검색했을 때 파워링크 광고에서 '말톡'이라는 브랜드를 가진 회사가 노출되지 않고 있습니다. 정해진 하루 광고 예산을 모두 사용하게 되면서 파워링크 광고에서 광고가 오프(OFF)됐기 때문입니다. 검색된 화면에서 스크롤하면 파워링크 광고 영역을 지나 블로그로 노출된 곳을 지나게 되고 다음과 같은 화면을 보게 됩니다.

URL 주소를 살펴보면 '말톡'이라는 회사의 자사몰이 노출된 것을 확인할 수 있습니다. 이렇게 노출된 것은 파워링크 광고 영역도 아니고, 범위도 아닙니다. 자연스럽게 노출되고 있습니다. 즉, 파워링크 광고가 온(ON)이든, 오프(OFF)이든 지금 자리에 '오렌지유심'이라는 검색어를 검색할 때 말톡 자사몰이 노출되고 있습니다. 즉, 파워링크에 광고 노출을 하지 않고도 자사몰이 검색어를 검색할 때 검색된 화면 1페이지에 노출되고 있습니다.

파워링크 광고 없이도 네이버에 노출되는 예

웹마스터 도구의
쉬운 설명과 적용 방법

이 방법을 설명하기 위해 네이버 웹마스터 도구 등록, 자사몰의 검색 엔진 최적화 설정의 메타태그와 키워드를 설명하고자 합니다. 네이버 웹마스터 도구 등록, 자사몰의 메타태그 설명과 키워드 등록이 동시에 진행되면 파워링크 광고 없이 자사몰에 해당 검색어를 검색할 때 노출될 가능성이 있기 때문입니다. 이렇게 파워링크 광고 없이 자사몰이 검색어를 검색할 때 노출되기 위해 웹마스터 도구부터 설명합니다.

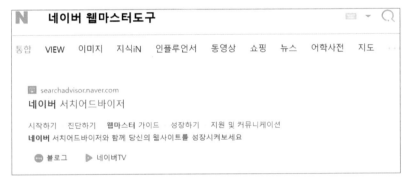

네이버 웹마스터 도구

관련 내용으로 이미 책도 출판됐지만, 생소할 것이라 예상됩니다. 네이버 웹마스터 도구를 이해하기 위해서는 네이버 사이트의 검색의 원리를 먼저 이해해야 합니다. 위 주소로 접속하면 다음과 같은 이미지가 소개된 첨부 파일을 확인할 수 있습니다.

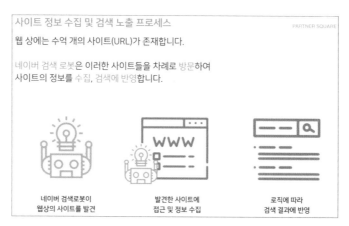

사이트 정보 수집 및 검색 노출 프로세스

웹 상에는 수억 개의 사이트(URL)가 존재합니다.

네이버 검색 로봇은 이러한 사이트들을 차례로 방문하여
사이트의 정보를 수집, 검색에 반영합니다.

네이버 검색로봇이   발견한 사이트에   로직에 따라
웹상의 사이트를 발견   접근 및 정보 수집   검색 결과에 반영

검색어에 따라 네이버 검색 로봇이 정보 수집하고 반영

검색 로봇은 여러 웹사이트를 순식간에 방문해 우리가 검색하는 키워드에 필요한 정보를 노출하려고 노력합니다. 이때 검색 로봇이 노출하려고 하는 정보는 신뢰도 있고 이미 많은 검색자가 맞는 정보라고 인지해 체류했던 웹사이트로, 활성도가 있어야 합니다.

활성도를 좀 더 구체적으로 설명해 보겠습니다. 이미 파워링크 광고로 사람들이 유입돼 상품을 구매하고 후기를 남겼거나 인플루언서의 블로그를 통해 검색하고 유입됐던 웹사이트 등은 체류했던 곳입니다. 여기에서 HTML 등의 표준화된 정보를 로봇이 찾게 돼 있습니다. 그렇기 때문에 자사몰이 표준화되도록 등록하는 과정을 웹마스터 도구에 등록하는 것입니다. 즉, 자사몰을 네이버 검색 로봇이 인지할 수 있게 표준화된 정보로 등록하는 과정을 '활성도'라고 합니다. 지금 설명하는 부분을 처음 접했다면 어려울 수 있지만, 네이버에서 관련 내용을 검색하면 모두 찾을 수 있는 정보입니다. 천천히 반복적으로 읽다 보면 네이버 검색 로봇의 원리를 이해할 수 있습니다.

한 번 더 정리하겠습니다. 네이버에서 검색어가 검색되면 네이버 검색 로봇이 판매자의 웹사이트가 노출되도록 하고 검색 로봇이 판매자의 웹사

이트를 표준화된 정보로 인식할 수 있도록 하기 위해 웹마스터 도구에 판매자의 웹사이트를 정상적으로 등록합니다. 그리고 많은 사람이 판매자의 웹사이트에 접속할 수 있도록 파워링크 또는 인플루언서를 활용해 블로그에 링크된 판매자의 웹사이트로 접속하도록 유도합니다.

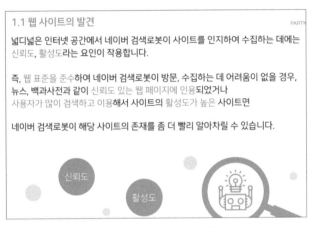

신뢰도와 활성도 요인의 작용

다음 웹마스터 도구의 웹사이트에서 판매자의 자사몰 웹사이트(자사몰은 네이버의 것이 아님)를 등록하면 네이버 로봇이 표준화된 정보로 인식해 키워드 검색어에 맞는 정보를 노출하게 되는 것입니다. 따라서 네이버의 웹사이트는 네이버가 이미 알고 있기 때문에 별도로 등록할 필요가 없습니다.

웹마스터 도구에 접속하면 다음과 같이 사이트 간단 체크 등을 할 수 있습니다. 말톡 회사의 URL 주소를 검색해 봤습니다.

사이트 간단 체크

네이버가 자사몰에 등록된 정보를 다음과 같이 이해한 것을 확인할 수 있습니다.

항목	상태	진단결과	가이드
사이트 정상 접속 여부	✓	네이버 검색로봇이 조회한 사이트를 정상적으로 접속 가능한 사이트로 인식합니다. (200 - OK)	HTTP 규약(Protocol)
robots.txt	✓	네이버 검색로봇이 사이트에 접근해 정보를 수집할 수 있습니다.	네이버 로봇 차단 설정/변경
로봇 메타 태그	✓	네이버 로봇이 사이트를 수집할 수 있고 검색 결과에 노출할 수 있습니다.	로봇 메타 태그 설정/변경
사이트 제목	✓	말톡 포켓와이파이 유심	사이트 제목 설정/변경
사이트 설명	✓	말톡으로 데이터와통화를 해외에서도 자유롭게. 해외여행 필수품 말톡 포켓와이파이, 말톡 유심. 일본,태국,베트남,태국,대만유럽,미국,캐나다	사이트 설명 설정/변경
Open Graph 제목	✓	말톡 유심 포켓와이파이	Open Graph 제목 설정/변경
Open Graph 설명	✓	말톡으로 해외에서도 데이터와 통화를 자유롭게. 해외여행 필수품 말톡 유심, 포켓와이파이 일본,태국,베트남,태국,대만유럽,미국,캐나다	Open Graph 설명 설정/변경

- 검색 노출은 사이트/웹문서를 모두 포함하며, 모든 사이트의 검색 노출을 보장하지는 않습니다.
- 웹마스터도구에서 실시간으로 조회된 정보와 실제 사이트 검색 결과 사이에는 차이가 있을 수 있습니다.
- 정보 변경은 가이드를 참고하며 사이트에서 수정해주셔야 하며 웹마스터 도구를 통한 수정은 불가합니다.

사이트 간단 체크를 통해 자사몰의 검색에 대한 적합성 확인

이렇게 체크된 서비스를 자사몰에 등록하면 네이버가 자사몰을 키워드 검색에 맞게 노출할 가능성이 높아집니다. 그래서 등록을 하지 않아도 되지만 되도록 등록하는 것이 좋습니다.

웹사이트에 대한 소유 확인 단계

웹마스터 도구를 등록하면서 소유 확인에 따른 HTML 등록은 유튜브에서 동영상을 검색하면 잘 소개돼 있습니다. HTML을 등록하는 방법에는 RSS 제출과 사이트맵 제출이 있습니다. RSS 제출은 웹사이트가 업데이트되는 과정, 사이트맵은 자사몰의 전체 사이트를 웹마스터에 등록하는 과정입니다.

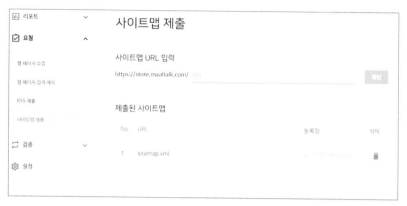

사이트맵 제출

이와 함께 자사몰 관리자 페이지에는 검색 엔진 최적화 설정 부분에서 메타태그를 설명하는 곳과 메타태그 키워드를 입력하는 곳이 있습니다. 카페24와 고도몰에 모두 있습니다.

다음은 고도몰의 경우입니다. 고도몰에서 메타태그를 설명하는 방법과 키워드를 등록하는 방법은 고도몰의 고객 센터와 유튜브를 통해서도 확인할 수 있습니다.

고도몰 자사몰의 검색 엔진 최적화(SEO) 설정 화면

이곳에 자사몰이 검색되고 싶은 키워드와 설명을 잘 조합해 등록하면 네이버에서 검색어를 검색할 때 자사몰이 노출될 가능성이 높아집니다. 판매자 자사몰의 파워링크 광고가 오프(OFF)돼도 검색어가 노출되게 하고 싶다면 웹마스터 도구를 등록해야 하고 네이버에 검색될 검색어를 자사몰 메타태그에 설명해야 합니다. 이것이 바로 '키워드 등록'입니다.

그리고 가장 중요한 1가지는 앞서 설명한 네이버 검색 로봇이 인지하게 되는 신뢰에 대한 문제입니다. 신뢰도라고 하면 떠오르는 것은 '뉴스'입니다. 바로 뉴스에 판매자의 상품이 노출돼 있어야 합니다.

다음 이미지를 살펴보면 오렌지유심 검색어를 검색할 때 관련 뉴스가 노출되는 것을 확인할 수 있습니다. 유명한 언론사는 아니지만, 말톡이라는 회사에서 오렌지유심을 판매한다는 것을 노출해 주고 있습니다. 이러한 정보를 네이버 검색 로봇이 인지하고 여기서 네이버 검색 로봇이 인지한 정보와 파워링크 광고를 통해 구매 고객이 발생하는 것을 인지하게 됩니다. 그래서 검색 로봇이 별도의 영역에서 검색어로 검색한 사람들에게 '오렌지유심'으로 검색했을 때 말톡의 자사몰을 노출해 주고 있는 것입니다. 즉, 네이버 검색 로봇이 사람들이 오렌지유심을 검색했을 때 신뢰도가 있는 뉴스를 빠르게 검색하고 뉴스에서 소개된 회사와 키워드, 웹페이지 그리고 그동안 사람들이 '오렌지유심'을 검색하고 자주 방문했던 웹사이트 경로를 확인해 그 사이트를 검색 화면에 노출해 주는 것입니다.

참고로 언론 보도에서 네이버 검색 로봇에게 더 강력한 신뢰도를 주는 방법은 판매자 스스로 언론 보도를 하는 것보다 제3자의 회사(다른 회사)가 판매자의 상품과 제3자의 회사를 홍보하면서 함께 노출하는 것입니다. 즉, 해외유심을 판매하고 있다면 판매자 자사가 언론 보도를 하는 것도 좋지만, 여행사 등에서 해외유심회사의 상품을 언론 보도로 함께 노출하면 네이버 검색 로봇이 정보를 더 신뢰하게 됩니다. 그리고 사람들이 자주 방문했던 웹사이트는 곧 파워링크 광고를 통해 자주 유입됐던 웹사이트이겠지요?

파워링크 광고에는 광고로서의 기능만 있는 것이 아닙니다. 검색어를 검색한 사람들이 자주 유입돼 상품을 구매하고 그곳에서 고객이 리뷰까지 남기게 된다면 네이버 로봇이 이를 인지해 네이버 페이지에 노출해 주는 것입니다. 이러한 언론 보도는 광고 대행사를 통해 유료 또는 무료로 진행할 수 있습니다.

오렌지유심이 언론 보도로 송출된 뉴스

언론 보도로 송출된 뉴스 내용

신상품이 출시되는 경우, 상품 등록을 완료하고 파워링크 광고도 하면서 언론 보도와 함께 인플루언서가 블로그를 통해 정보를 노출하고 블로그에 판매 사이트가 링크돼 사람들이 지속적으로 유입된다면 네이버 로봇이 종합적으로 판단해 광고 없이 본사의 웹사이트를 신뢰해 노출할 가능성이 높습니다. 자사몰을 준비하기 시작했다면 이 방법으로 준비하기 바랍니다. 그래야만 자사몰이 검색어에 많이 노출될 수 있습니다.

　판매자들은 대부분 수익률이 좋은 네이버쇼핑 광고를 좋아합니다. 여기서 설명한 부분을 이해하면 파워링크 광고의 강점과 파워링크 광고의 필요성을 좀 더 폭넓게 이해할 수 있습니다.

스마트스토어 온라인 마케터의
실제 온라인 전략 업무

상품 노출 순위 올리기

　지금까지 스마트스토어의 기본적이고 일반적인 노출 방향과 판매 방향을 제시하고 네이버 광고 시스템을 통해 광고 대행사와 함께 업무를 진행하거나 자사몰을 갖게 됐을 경우 광고 없이도 자사몰을 네이버 검색어 검색 시 노출되게 할 수 있는 방법을 설명했습니다. 지금은 네이버 광고 시스템이 필자에게 일상의 업무이지만, 네이버 광고 시스템을 처음 접했을 때는 내용을 이해하기 어려워 같은 내용을 반복해서 보고 온라인 교육도 여러 번 받았습니다.

　이 책에는 필자가 겪었던 시행착오가 그대로 담겨 있습니다. 따라서 지금까지의 설명들이 독자에게 꼭 필요한 지침이 될 것입니다. 이 책의 내용대로 차근차근 따라 해 본다면 네이버 광고 시스템을 이해할 수 있을 뿐만 아니라 광고 대행사와도 즐겁게 일할 수 있습니다.

　지금까지 광고를 이용해 나의 상품을 1페이지에 올리기 위한 방법을 자세하게 설명했습니다. 그럼에도 불구하고 조금이라도 부족한 부분이 있을까 싶어 좀 더 세부적으로 데이터를 확인하고 상품 노출 순위를 올리기 위한 방법을 소개하려고 합니다.

　앞부분에서는 리뷰를 쌓기 위해 광고를 시작하기도 한다고 설명했습니다. 그리고 리뷰가 있으면 광고가 좀 더 효율적이라고 설명했습니다.

　지금까지의 전략과는 다른, 현업에서 상품을 판매하기 위한 전략을 좀 더 자세하게 설명하겠습니다. 만약, 신규 판매자가 스마트스토어에 처음으로 상품 등록을 완료하고 네이버 쇼핑에서 판매하려고 하는 상품명이 '일본유심'이라면 10장까지의 설명에서는 키워드 조회수가 높은 순으로 네이버 쇼핑의 상품명으로 등록해야 한다고 설명했습니다.

그런데 이렇게 할 수도 있고 다르게 할 수도 있습니다. 기존 판매자의 상품명을 살펴보면 기존 판매자 역시 조회수가 높은 키워드를 상품명으로 등록해 이미 1페이지에 1위, 2위, 3위로 등록된 것을 확인할 수 있습니다. 이런 상품명으로는 기존 판매자 때문에 1페이지에 노출하기가 어려울 수 있습니다. 이 경우에는 그들이 놓치고 있는 세부 키워드를 확인해 보세요. 글자수 제한 때문에 다른 판매자가 놓친 키워드가 분명히 있을 것입니다.

이 키워드를 이용하면 구매자가 세부 키워드를 검색할 때 신규 판매자의 상품이 1페이지에 노출될 수 있습니다. 예를 들어, '일본유심출장'이라는 제목으로 상품명을 등록했다면 구매자가 '일본유심출장'이라는 검색어를 검색할 때 기존 판매자들은 출장 키워드를 사용하지 않은 '출장'이라는 키워드가 검색됨으로써 기존 판매자들의 상품은 노출되지 않고 신규 판매자의 상품이 노출될 수 있습니다.

이 원리라면 신규 판매자가 처음 등록한 상품은 메인 키워드에 노출되지 않습니다. 기존의 판매자들이 메인 키워드 제목으로 이미 사용했기 때문입니다. 그 대신 기존의 판매자들이 놓치고 있는 세부 키워드를 조합하면 구매자가 세부 키워드를 검색할 때 1페이지에 노출되게 할 수 있습니다. 단점은 검색이 적게 되기 때문에 구매량이 적다는 것입니다. 하지만 초기에 광고 없이, 세부 키워드 검색만으로도 구매자에게 스마트스토어가 선택돼 구매가 이뤄질 수 있습니다. 구매가 되면 리뷰를 획득할 수 있습니다. 처음부터 너무 급하게 서두르지 않아야 하고 광고비를 효율적으로 사용할 수 있도록 기다려야 하기도 합니다.

세부 키워드에서 구매가 일어날 수 있도록 10장까지의 설명과는 다른 방향으로 상품명을 등록합니다. 구매가 일어나고 스마트스토어 상품 순위가 오르게 된 것이 확인되면 사용했던 세부 키워드보다 약간 높은 단계의 키워드를 상품명으로 등록해 봅니다. 앞에서 여러 차례 설명한 네이버 광고 시스템 키워드 도구에서 확인할 수도 있고 다음 웹사이트에서 확인할 수도 있습니다.

노출 순위를 올리는 데
도움이 되는 사이트

네이버에서 사장님닷컴을 검색해 보세요.

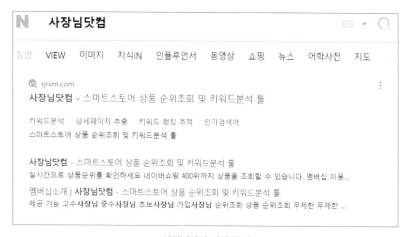

사장님닷컴 검색 화면

업체별로 스마트스토어 상품 순위 조회와 키워드를 자세하게 분석할 수 있고 다양한 기능을 유·무료로 사용할 수도 있습니다. 판매자의 스마트스토어의 노출 순위가 변경된다면 쉽게 확인할 수 있습니다.

사장님닷컴

그다음으로 판매자의 공식 블로그를 통해 체험단 이벤트를 해도 좋고 네이버 검색을 통해 체험단에 의뢰를 신청할 수도 있지만, 가장 좋은 방법은 판매자의 스마트스토어 또는 공식 블로그를 통해 체험단 이벤트를 직접 실시하는 것이 좋습니다.

10장까지의 설명에서는 인플루언서의 중요성과 협업을 강조했지만, 메인 키워드 검색이 아닌, 세부 키워드 검색 시에는 인플루언서의 블로그보다 일반적인 블로그, 인플루언서가 아닌 사람들의 블로그 글도 많이 볼 수 있습니다. 인플루언서의 경우에는 자신의 블로그 글이 많이 노출되기를 바라기 때문에 대부분 메인 키워드로 제목을 등록합니다. 따라서 메인 키워드에는 많이 노출되지만, 세부 키워드에서는 노출이 잘 안 되는 경우가 있습니다. 오히려 세부 키워드 영역은 체험단 등의 블로그 유입이 적은 블로그가 검색어 검색 시에 노출돼 사람들에게 읽혀지기도 합니다.

상품의 시즌이 성수기라면 사람들에게 다양한 세부 키워드가 검색됩니다. 판매자의 제품만을 제공하고 블로그를 등록할 수 있는 체험단을 통한 블로그도 많이 노출될수록 좋습니다. 그리고 체험단 블로그에는 반드시 판매자의 스마트스토어를 링크해 스토어에 유입되게 해야 합니다.

키워드 조회수와 노출되는 영역을 보면서 상품명을 수시로 점검해 보고 체험단을 통해 노출량을 늘리는 한편, 처음에 상품 가격을 경쟁사보다 낮추고 검색 화면에 최저가 순위로 노출되게 해서 판매를 독려합니다. 그리고 리뷰 이벤트와 광고를 집행해 리뷰를 추가로 획득합니다. 스토어 내부적으로는 판매량에 따른 재고를 확보하고 경쟁사가 판매하고 있는 상품을 확인하고 옵션의 개수를 증가시킵니다. 시간이 지나고 모바일의 3페이지, 4페이지에 노출되기 시작한다면 이제 앞에 보이는 경쟁사를 확인해 볼 수 있습니다. 그때까지는 스마트스토어가 세부 키워드에서는 잘 노출될 수 있게 노력해야 합니다.

이번에는 상품을 더 많이 판매하기 위해 검색어 검색 시 1페이지에 노출된 경쟁사가 최근 몇 개의 상품을 판매하고 있는지 확인해 보겠습니다.

네이버에서 '스마트스토어뷰어'를 검색합니다.

스마트스토어뷰어 검색 화면

스마트스토어 뷰어를 통해 스마트스토어의 판매 건수를 확인해 볼 수 있습니다. 업체별로 스마트스토어에서 판매되는 상품 건수를 최근 3일과 6개월의 판매량으로 확인할 수 있습니다.

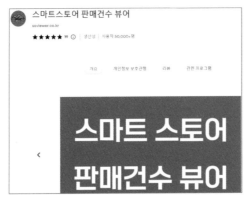

스마트스토어 판매건수 뷰어

모바일에서 검색어를 검색할 때 1페이지 1위, 2위, 3위와 2페이지 1위, 2위, 3위 판매자의 최근 판매량을 확인할 수 있습니다.

현재 신규 판매자의 스마트스토어 판매량도 확인해 볼 수 있고 기존 판매자들과 얼마나 차이가 나는지도 확인해 볼 수 있습니다. 이제 광고와 인플루언서, 경쟁력 있는 상품을 옵션에 구성했을 때 몇 개를 추가로 판매할 수 있는지 검토합니다. 검토 과정이 끝나면 계획된 내용을 집행하고 상품 순위를 1단계 높일 수 있게 됩니다. 노출이 계획대로 상승한다면 같은 작업을 또 한 번 검토합니다. 상품명도 세부 키워드가 아닌 메인 키워드 순위로 다시 등록하고 조합하기 시작합니다. 네이버에서는 일정 기간의 판매량 및 유입 수에 따른 종합 점수로 순위를 조정하기 때문에 1페이지에 노출되기 위해 효율적인 방법으로 광고하고 광고 예산과 인플루언서의 블로그도 최대한 노출되도록 작업을 완료합니다. 일정 기간 동안 판매 순위를 높일 수 있도록 판매 계획을 세워 진행합니다.

스마트스토어 판매 건수

오랜 작업 덕분에 상품 판매가 원활하게 이뤄져 1페이지에 노출이 완료 된다면 이제 메인 키워드에 힘을 실어 줍니다. 조회수가 많은 키워드를 상 품명으로 정하거나 상품의 경쟁력이나 차별점이 있다면 상품명에 등록해 도 좋습니다. 메인 키워드 검색 시 상품의 경쟁력을 알려 주는 텍스트가 메 인 키워드를 돋보이게 할 것이기 때문입니다. 광고 역시 이제는 메인 키워 드가 아닌 세부 키워드로 광고를 진행해 2중으로 판매를 증가시킵니다. 이 제는 리뷰 개수를 쌓기 위한 이벤트보다 상품을 잘 사용한 내용의 등록을 위한 리뷰 이벤트를 실시합니다. 자세한 리뷰를 본 구매자가 1페이지에 노 출된 상품을 더욱 많이 구매할 것입니다.

지금까지 더 전략적이고 세부적인 내용을 소개했습니다. 앞부분의 내용 과는 약간 차이가 있지만 검색어 검색 시 1페이지에 노출하기 위한 목적이 었던 노출 수, 클릭 수, 전환 수를 증가시키는 것은 동일합니다. 단계별로 좀 더 디테일한 방법을 소개했을 뿐입니다.

독자분이 네이버 광고 시스템을 어렵게 생각하실 것 같아서 네이버의 광고 대행사를 통해 광고 시스템을 이용하는 방법을 순서대로 정리해 보 겠습니다.

1. 스마트스토어에 판매할 상품 등록을 완료합니다.
2. 스마트스토어 상품 페이지에 리뷰 이벤트를 등록합니다.
3. 스마트스토어에 스토어찜과 소식 알람을 설정합니다.
4. 네이버 광고 시스템에 회원 가입을 완료합니다.
5. 네이버 광고 시스템에 광고비를 일정액 충전합니다.
6. 광고 시스템의 키워드 도구를 통해 상품명을 점검하고 수정해 봅니다.
7. 네이버 공식 광고 대행사를 검색합니다.
8. 네이버 공식 광고 대행사 중 마음에 드는 곳에 연락합니다.
9. 광고 대행사에 스마트스토어 상품을 네이버 쇼핑에 광고 설정을 요청합니다.
10. 광고 대행사에서 등록해 준 캠페인, 광고 그룹, 소재, 확장 소재, 입찰가를 확인합니다.
11. 광고를 시작합니다.
12. 검색어 검색 시 노출되는 소재, 확장 소재를 확인합니다.
13. 광고 시스템에서 입찰가를 조정해 노출 순위를 확인해 봅니다.
14. 노출이 되고 광고가 클릭되고 구매로 전환된 결과를 다음 날 확인해 봅니다.
15. 다음 날 노출 수와 클릭 수를 확인해 보고 실제 구매가 일어난 것을 광고 시스템에서 확인해 볼 수 있습니다.
16. 광고비를 추가로 충전하면 계속 광고가 노출된다는 것과 구매가 발생한다는 것을 확인할 수 있습니다.
17. 좀 더 효율적인 광고와 전략은 앞에서 소개한 내용을 참고하기 바랍니다.

에필로그

    온라인으로 상품 판매를 준비 중이라면 비수기에서는 주요 키워드의 검색량이 많을 것입니다. 아는 사람만 구매하기 때문입니다. 지금의 회사 판매 상품으로 보면 비수기에는 '미국유심', '태국유심' 등 간단명료한 주요 키워드의 검색량이 많습니다(물론, 성수기에도 간단명료한 주요 키워드의 검색량은 많습니다. 다만, 경쟁이 심해져 입찰가가 상승하겠지요). 그래서 사업 초기와 비수기 등에는 주요 키워드에서 판매 매출이 가장 많이 발생합니다. 그런데 비수기가 지나고 성수기가 시작되면 다른 업체와의 경쟁을 피할 수 없습니다. 키워드 입찰가가 너무 올라 입찰가의 클릭당 광고 비용 때문에 광고 수익률이 좋지 않은 상황이 발생합니다. 비수기에는 경쟁자도 없고 클릭당 1,000원이던 입찰가가 성수기가 되면 입찰가가 3,000원까지 오르기 때문입니다.

    오히려 경쟁자가 별로 없던 비수기에 네이버 광고 시스템의 광고 수익률이 좋을 수도 있습니다. 따라서 비수기에 광고를 준비하는 것이 좋습니다. 성수기가 됐을 때 다른 경쟁 업체가 찾지 못하던 키워드를 네이버 광고 시스템 키워드 도구와 네이버 데이터랩 그리고 경쟁사 웹사이트에서 미리 찾고(실제로 성수기에 진입하면 미국데이터유심, 미국하와이유심칩, 태국유심LTE, 태국방콕유심 등 키워드 검색어가 다양하게 유입됩니다) 알맞은 소재를 키워드에 매칭해 소재를 노출함으로써 처음 고객을 만들어야 합니다. 이를 잘 활용하면 그 고객이 재구매를 하게 될 것입니다. 이 책에서 처음 소개했던 마케팅은 '새로운 고객을 만들 것'과 '그 고객을 또 고객으로 만드는 것'이었습니다.

따라서 사업 초기와 비수기에는 키워드를 계속 추가해 노출 수를 계속 끌어올리고 전환율을 위해 키워드에 맞는 소재를 고민해 광고 대행사에 등록 요청을 하고 고객이 소재를 클릭했을 때 소재에 보여 준 상품이 바로 구매될 수 있게 URL을 항상 점검하기를 권장합니다. 이렇게 하면 광고비를 사용해 자사의 상품을 명확하게 노출할 수 있고 고객이 상품을 쉽게 구매할 수 있으며 시간을 절약할 수 있게 됩니다.

구매한 고객이 상품의 후기를 남기게 되고, 상품의 후기를 본 다른 고객이 또 구매하게 되고, 광고를 하던 상품은 구매 수의 증가로 네이버쇼핑의 1페이지에 노출될 것입니다. 되도록이면 광고를 오프(OFF)하지 말고 글자 수 제한 때문에 등록하지 못했던 세부 키워드로 보완 광고를 다시 시작하기 바랍니다. 네이버 광고 시스템의 원리는 알고 나면 참 쉽습니다. 잘 모르고 있었을 뿐입니다. 그동안 다양한 스마트스토어 책과 강의를 들으신 분들께 도움이 되기 바랍니다.